贝克知识丛书

DEUTSCHE GESCHICHTE IM 19. JAHRHUNDERT

十九世纪德国史

Dieter Hein
[德] 迪特尔·海因 著
王琼颖 译

上海三联书店

19 世纪起始于 1789 年法国大革命所引发的政治地震，终结于第一次世界大战。这期间德国经历了等级社会的瓦解，1848 年至 1849 年资产阶级革命及其潜藏的社会革命潜流，以及一场工业革命。这不仅释放出巨大的经济能量，还导致了阶级社会的产生。随着 1871 年以普鲁士小德意志方案建立起来的民族国家德意志帝国的诞生，更加速了这一富于张力的变化过程。德国加入欧洲列强的全球竞争当中，并最终导致了 1914 年第一次世界大战的爆发。

迪特尔·海因，法兰克福歌德大学近代史教授。他以简洁的篇幅、精到的论述分析了德国历史上这一“漫长的世纪”。作者另著有《数据中的德国史》(*Deutsche Geschichte in Daten*)、《1848—1849 年革命》(*Die Revolution von 1848/49*)。

致卡琳

目　录

导 言

19 世纪的德国历史能告诉我们什么？自 1945 年以来的数十年间，对于历史学科及广大研究者而言，对 19 世纪的研究几乎成为历史学研究的重中之重：通过回顾这个时代，关键性的方法论创新得到推进与验证，而围绕这些创新所产生的争议又引发了有关这个学科基本问题的讨论。首先被激发出的研究兴趣是追溯新生民主制度的根源；随后则是在更宽泛的语境下寻找现代性的基础，尤其是它的经济与社会基础，以此作为对过去主流政治史编纂的补充。深入研究 19 世纪德国史的是托马斯·尼佩代（Thomas Nipperdey, 1927—1992）和汉斯－乌尔里希 · 韦勒（Hans-Ulrich Wehler，1931—2014），自

20世纪80年代起陆续出版了多卷本作品[①]。

但与此同时，一种研究重心向20世纪、向当代史研究转移的趋势已清晰可辨。所有原本互相独立的动力都汇集于此，部分还因此得以相互加强：不仅因为随着时间的推移，对纳粹历史，对联邦德国的历史化，对1989年至1990年间重点修正民主德国历史的研究兴趣在不断增长；同时也产生将过去两个世纪抽象为对现代化普遍发展时期的思考及对此的批判性质疑。

实际上19世纪与21世纪并不仅是在纪年上存在先后。如果19世纪史的编纂没有在方法论和内容上做好准备，没有以一种变革的眼光看待这个时代，而是与中世纪史及近代早期历史研究如出一辙，那么19世纪史的研究结论似乎具有更多古典性的特征，类似其他更古老时期的特性。而且到目前为止缺乏深入的思考，相比将19世纪视为另一类陌生的时代，很少有研究者将之理解为当代历史的一部分：例如，强调19世纪市民社会的瓦解，或是追问如何处理经济萧条的社会问题。

此外，如果没有误判形势的话，新的转变已在逐步

---

① 即托马斯·尼佩代撰写的三卷本《德意志史》(*Deutsche Geschichte*) 和汉斯－乌尔里希·韦勒撰写的五卷本《德意志社会史》(*Deutsche Gesellschaftsgeschichte*)。

酝酿之中，特别是那些大规模的变化趋势与冲突，它们在世界范围内决定了我们的现实世界。因此，并不仅是将研究视野再次定格在19世纪，而且，受到当前现实社会的发展影响，新的转变进一步加剧。这就意味着，与其增加对历史学、对其选题与问题意识中的欧洲化与全球化趋势的期待——尽管这两股趋势过去和现在都是推动19世纪研究的重要动力——不如考虑如何概述19世纪的德国历史更为重要，也更具启发性。19世纪重要的启发性因素主要集中在欧洲，但这首先是全球范围内出现的一系列问题与冲突所具备的基本特征，而这些问题与冲突早在19世纪便已突出存在于德国的日常秩序之中。

从这个意义出发，可以归纳出五大类的问题：

第一，经济与政治现代化及自由化之间是否存在着不可割裂的关联性？或者说经济和政治这两种发展趋势是否可以相互分离，继而做到各自独立？更通俗地说，19世纪欧洲现代化道路究竟是一种选择还是必然要走之路？

第二，谁是承担一种全新的、建立在政治参与度不断提高基础之上，并最终实现民主制度的主体？如何来定义它？哪些时代因素对该定义产生了影响？这种主体如何做到在条件发生变化的情况下保持不变并巩固这一点？哪些道路更容易实现梦寐以求的民主化目标？在政治参与、教育的局限性、社会和文化参与问题上，是提前开放还是暂时限制？

第三，国家政权所要求的多方参与的现代政治制度是什么？它只适用于民族国家吗？哪些可替代方案在19世纪被设计出来，它们又有多大的胜算？民族主义和民族国家在形式上存在哪些不同之处？

第四，如何使宗教的清规戒律及大多数人的宗教信仰与现代社会的要求相协调？是否只能通过一种社会世俗化进程来实现？是否也可以通过宗教现代化达成？

第五，转变本身的特性，即革命或是改革的根本性选择问题：一个社会如何应对历史上的变化与传统及旧制度的持续影响力？只有激进的突破才能赢得彻底改变的机会，又或者革命所付出的代价要远高于渐进式的过渡和（制定）以改革及妥协为导向的政策所支付的成本吗？

可以肯定，一部言简意赅的纵览19世纪德国史的作品不足以回答上述基本问题，而这些问题本身既不可能也不应成为叙述的基本架构，但对这些问题的思考却是贯穿始终的。在个别情况下对其加以详细讨论，以史为鉴、深入思考也是我们当下所面临的挑战。

由此，对于历史的描述采用了一种批判导向与现实导向下的现代化史编纂方式。尽管所有这些方式有重要意义，但对方法和内容的批判仍值得推敲；而且迄今为止尚未出现可以取而代之，并将类似转变中的各个部分相互联系起来的概念化表达。通向现代性的道路显然不再是19世纪意义上的线性进步史观，其阴暗与矛盾之处尤为清晰可辨。“现代性（Moderne）”的概念也不应被抽象为一种规范而被“去历史化”，而是必须始终采取类似转换聚焦点的方式来进行思考和反馈。

在尽可能短小的篇幅内完成一部19世纪德国史，过度简化的问题不可避免。其中很多方面近期正被历史学界深入研究，并由此勾勒出一幅细腻但存在对立的世纪图景。它们涉及从有关过往日常和精神生活的文化史与知识史研究到宗教史、性别史的研究，本书却完全未能提及。

但本书与其他以紧凑篇幅撰写19世纪史的通识类作品最重要的区别在于，它试图着重阐明的不仅是整个19世纪，还包括各种历史现象（诸如工业化、资产阶级的崛起，抑或是民族建构）的发展进程和不同阶段。换言之，本书着重强调19世纪是一个过渡的时代，是一个充满根本性、冲突性变化的时代，是一个自我加速运动的时代。

最后，尽管存在一些这样或那样的建议，但并没有理由据此放弃史学界长期以来确定的时间分期，即将19世纪设定为从1789年开始，至1914年结束。将这种在时间和内容上的大跨越称为“漫长的”19世纪优势显著：开端与结束的对比更为强烈，并避免对这个时代的刻画过于封闭与统一；特别是1900年前后加速发展的现代化进程及其保守主义内涵也被当时的人和历史学纳入叙述之中，并考虑到了时代的完整性。

第一章

革命年代（1789—1849）

倘若 19 世纪上半叶的历史学家想要归纳自己身处时代的重要特征，那么在他们的脑海中首先浮现的概念便是“革命”。这个时代之所以被定义为“革命年代”，所要强调的乃是这一转折的深刻与前所未有：它将当下与刚刚逝去的和那些更古老的时代加以区分——最先想到的分界线便是法国大革命，以及或多或少会被提到的美国革命，后者的爆发甚至早于法国大革命。

同时，历史学家还要强调的是这一变化的规模，变化吸引着当时的人们。对他们而言，变化首先意味着此前被视为永恒的君主制度受到冲击，君主制度受到来自人民主权原则的挑战。但伴随而来的是对始终具有压迫感的革命性变化和突然反复爆发的暴力冲突的担忧。一切事物都处于前所未有的变动中，它们以惊人的速度发生着改变。时间的流逝似乎加快了，然而出路在哪里尚不清楚，未来也是开放而有待塑造的。政治上的论战似乎也正清晰地表明，现时不仅要为重建一个合法体系而战，还要为未来而战；政治理念因此提出的要求并非要针对某个具体的现实问题给出合适的解释，而是要做好回答一切有关未来以及针对全人类的终极问题的准备。

所有这些对于时代的判断和解释至今仍被当代历史学家视为核心观点而共同分享。除此之外，尽管利奥波德·冯·兰克[①]所说的“物质力量的无限发展”在19世纪就已被作为持续发展的基础而备受瞩目，而物质也被强调成除政治革命之外经济根本变革的革命性要素，尤其是诸如“双重革命”的概念。但就德国的情况而言，这一概念恰恰掩盖了真实的情况：在德国，政治革命和经济革命并非同时发生，而是存在一个先后关系；然而，对于19世纪上半叶的革命挑战与改变来说，并不能据此认定最初的导火线就是经济结构转型。德国经济革命

① 利奥波德·冯·兰克（Leopold von Ranke，1795—1886）：德国历史学家，强调以科学的实证主义研究历史，对19世纪德国历史及西方史学研究产生了极大的影响。

的年代终结于1848年至1849年，而在此之前，工业革命在中欧已经取得了全面的胜利。

等级社会的瓦解

如果以19世纪早期的革命眼光回顾中世纪和近代早期，那么二者是一个整体，它们共同构成封闭的前现代社会。前现代社会被烙上了等级的印记，更确切地说是一种出身等级原则，即个体从诞生伊始便从属于某个等级，而这一等级又以一种包罗万象的方式确定了个体的生活及生命轨迹：法律地位、职业、社会地位，甚至是衣着和举止、节庆与娱乐。

这种静态的等级规则具有双重意义：既巩固现有的社会等级制度，又能在经济停滞不前的时期合理地分配食物和就业机会。

但显然这是一幅与历史事实不完全符合的理想画卷，不同的地区、不同的时代与这一基本假设存在巨大区别或偏差。此外也不能忽视一点，即等级制度的制定者完全能够灵活应对诸如战争、时疫或气候变化之类的外部干扰因素及新兴经济条件（例如新栽培作物）的出现。

尽管如此，史学界仍达成普遍共识：一种不断自行加速的动态变革在18世纪下半叶业已开启。在研究视野持续局限于国家行为的背景下，传统的史学研究将视线集中在君主专制的改革上，首先认为关键性的变化开始于开明君主制后期，尤其是弗里德里希二世（Friedrich II，1712—1786）治下的普鲁士和约瑟夫二世（Joseph II，1741—1790）治下的奥地利。

但不得不承认，直到今天我们依然无法清楚地为等级社会的瓦解找到确切的原因；严格来说是在大量不同领域相互影响的共同作用下，等级制度开始不断瓦解，新的社会制度开始萌芽。关于 1780 年前后的人们是如何清醒意识到自己生活在一个剧烈变革且充满活力的时代，最突出地表现在德国人最早对法国大革命期间所发生种种事件的频繁评价之中，“法兰西跌宕起伏的命运震撼了我们所有人”，萨克森－魏玛宫廷负责教导王子的卡尔·路德维希·冯·克内贝尔[1]在致公爵夫人安娜·阿玛利亚[2]的信中这样写道。他更进一步指出：“实际上它

---

① 卡尔·路德维希·冯·克内贝尔（Karl Ludwig von Knebel，1744—1834）：十八世纪德国抒情诗人和翻译家，与歌德过从甚密。1774 年克内贝尔接受魏玛宫廷聘用，担任教导两位王子的老师。

② 安娜·阿玛利亚（Anna Amalia，1739—1807）：萨克森－魏玛－艾森纳赫公爵夫人。1758 年起因其丈夫魏玛公爵恩斯特·奥古斯特二世（Ernst August II）去世，膝下二子尚年幼而担任摄政。

对于启蒙运动和本世纪以来的种种进步而言似乎有百害而无一利。”革命因此看上去似乎是一个长期以来的持续性发展。

从克内贝尔的这番话中同样还能觉察出当时的人已经看到了启蒙运动的核心推动力。人们对于世界知识的理性探索，对一切事物逐一加以理性批判，使得启蒙运动为改变世界创造出了关键性的前提条件，即如 1783 年伊曼努尔·康德（Immanuel Kant，1724—1804）在他的重要定义中所归纳的那样：“人类脱离所加之于自己的蒙昧状态。”[①]由此进一步衍生出一系列通过长期讨论变得越发清晰而尖锐的基本问题：对基督教信仰真实性的质疑；对社会准则要符合上帝意志的观念，即对贵族和教会占据主导地位的怀疑；对王朝国家君权神授观念的批判，并由此寻找政治统治的新合法性。

另一个原则性问题不应被忽视，即启蒙运动始终具有实践性的作用与影响力。理性假设推动知识，尤其是自然科学知识的获取；此外经济事务也被推向实践且范围得到进一步扩大：农业上的种植栽培方法，利用

① 此为康德在题为“答复这个问题：什么是启蒙运动”（Beantwortung der Frage: Was ist Aufklärung）的书评中对启蒙运动所下的定义。

自然力与矿产资源的技术，涉及贸易方面的经营管理模式，也包括国民经济理论创新，如亚当·斯密（Adam Smith，1723—1790）理论的提出。

正是开明专制政体庇护下的政府改革在上述方面扮演着不容小觑的角色。其起点是普鲁士解除农民对领主土地的依附义务，并推行一系列诸如促进手工作坊的发展、推动宗教少数派的经济活动的工商业改革措施。由此达成了农业及工商业生产的全面进步，为日益增长的人口提供了必要的工作岗位和食物，从而构成了人口增长的基础。

支撑且伴随这一发展而来的则是这样一种变化：一方面，传统等级模式已无法维持社会稳定；另一方面，等级制度本身也因方兴未艾的人口革命而加速自我瓦解。1750 年至 1800 年神圣罗马帝国人口已增加约 25%，达到近 3000 万人，但由于彼时人口统计学刚刚兴起，无法获取准确数字，这一数据因此只是一个估值。同时这一数据本身也掩盖了严重的地区差距：帝国东部和北部地区的人口增长势头强劲；而在东南部、巴伐利亚的阿尔卑斯地区以及奥地利的大部分地区，人口增长则出现停滞甚至是倒退的情况。

人口最初的增长态势并非是由卫生及医疗条件改善

引起的——因为尽管过去经常肆虐的传染病有所减少，但婴儿死亡率依然居高不下。因此更为重要的是，由于食物供给的改善，使得年长的孩子及成年人的预期寿命有所提高，具有生育能力的女性数量也因此提高；此外，长期以来鼓吹晚婚及试图避免非婚生子的传统法则在逐渐丧失它的影响力。

伴随人口增长而来的还有地理学意义上的人口流动的增加：一方面是欧洲范围内跨国境迁移；另一方面则是人口向城市流动。然而进入帝国城市[①]及其他一些贸易及手工业城市的人口较少，相反更多人选择进入较大邦国的首都。正因为如此，柏林和维也纳的居民人口在1750年至1800年间各增加50%，分别达到17.2万和23.2万。

新的社会阶层流动同样瓦解着等级制度。随着启蒙运动的发展形成了一类新的受教育阶层：牧师、作家、教师、医生、律师及其他一些具有启蒙思想，且大多接受过预备法律教育的公职人员。由于他们的社会地位应

① 帝国城市：全称“自由帝国城市”(Frei-und Reichsstadt)，是神圣罗马帝国自15世纪起出现的拥有广泛自治权的城市。这些城市并不属于任何一位世俗或教会诸侯，而是直接隶属于皇帝本人。

归因于所接受的教育以及在此基础上获得的成就，因此这些人与等级制模式格格不入。而在大中城市从事贸易的市民中，由于接受教育和启蒙思想，灵活大胆的经营方式也日渐普及。但部分人也因此被排除在由等级法则规定的传统市民结构之外。

伴随着新市民阶层的形成，一种次一级的交流与互动模式开始建立，并由此树立起社会新榜样，这里再一次与启蒙运动紧密联系在一起。具体而言，改革尝试表现为媒体和出版物上全新的大众讨论及不同形式的启蒙团体：起初是学术和科学团体，然后是共济会和爱国主义公益团体，最后则是在18世纪最后三十年出现的读书会[①]和文学沙龙。受过教育的人士出于个人责任自愿加入到这些团体之中，他们宣扬未来的社会应依理性、教育、个人成就及法律面前人人平等的原则加以塑造。正如本节标题已经指出的那样，未来不再是等级社会，而是市民社会。

关于这些张力不一的发展步伐是否加速了变革的

---

① 读书会：从启蒙时代的18世纪至19世纪早期普遍出现的一种民间自发组织的读书团体。德国最早的读书会成立于1720年，从其活动形式来看，早期的读书会被认为是进行成人教育的主要场所，但后期在德语地区也部分成为倡导市民解放，尤其是筹建政党的政治场所。

出现并使之在程度上大大提升，而变化又是从何时开始出现，这些问题并没有搞清楚。但无论如何，最终迫使国家实行改革，使德意志的未来观变得具体并日趋极端，政治路线也由此明确的动力源于外部，源于法国大革命。

革命、改革、复辟

法国大革命与德意志

生活在德意志领土上的人们通过旅行者见闻或媒体报道，从一开始就对法国发生的重大事件了如指掌。法国大革命首先在新近形成并逐渐扩大的市民公共领域中——在读书会、戏院包厢和咖啡馆里——被热火朝天地讨论着。法国大革命的确切评价不但由正在被不断澄清的政治路线决定，更多可能是受革命发展阶段的影响。起初的评价都是完全正面的，且受到这一种基本观点的影响，法国人设身处地地理解了德国已通过开明君主专制下的政治改革所开启的事业。值得一提的是神圣罗马帝国皇帝约瑟夫二世，他认为法国国民议会的决议内容是一种剽窃。但恰恰是革命及其成果——从废除封建法制到《人权宣言》，再到1791年宪法——受到了从维兰德[1]到席勒（Schiller，1759—1805），从康德到黑格尔（Hegel，1770—1831）等知识分子群体的狂热推崇，被视作在政治上实现了启蒙思想建构出的未来观。

但随着法国大革命不断走向极端，形势在许多方面都发生着改变，血腥暴力事件层出不穷：从 1792 年“九月大屠杀”开始，到 1793 年 1 月法国国王被处决，一直到 1794 年夏雅各宾派的恐怖统治才宣告结束。因此，在德国无论是忠诚的保皇党还是理想主义的革命拥护者都断然远离任何革命，转而全力支持改革。只有少数现实主义者在经历暴力革命事件之后仍在原则上保持积极态度。而更为小众的激进革命分子团体则是所谓的“德国雅各宾派”，他们只在法军占领地区的民众中获得较为瞩目的支持——例如昙花一现的“美因茨共和国[2]”。

尽管法国大革命是时代的产物，但它却在相当长的时间内影响着德意志及整个欧洲的发展，这还体现在基本方面。首先，伴随着革命而来的是一场政治文化的

① 维兰德（Wieland，1733—1813）：启蒙时代德国著名作家、诗人，与歌德、席勒和赫尔德并称为“魏玛四杰”。

② 美因茨共和国存在于 1793 年 3 月至 7 月。它是在法国大革命和第一次反法同盟战争的背景之下，由德国雅各宾派在美因茨建立的政权。尽管受法国革命军庇护，但美因茨共和国也被认为是德国历史上首个资产阶级民主政权。

深刻转变。在法国，短时间内就制定了一整套全方位的措施来重塑传统，通常表现在政治方面：如以三色旗作为象征，赋予自由女神以意义，使用带图片的传单作为传播媒介，强调政治性节日的仪式性，由此向普罗大众传播革命理念。随后，这套做法也被德国所采纳并加以改造运用。

第二个根本性影响在于空前加快的政治与社会变迁速度。就在攻占巴士底狱不久，“我们在三天内穿越了三百年的空间”。过去需要讨论数年甚至数个世纪的问题，却在数周乃至数日内就作出决定，投入政治实践，再度调整，走向极端，或者遭到完全排斥。这些政治解决方案的提出，在革命前期的革命论战期间甚至是不可想象的，并且它们还以当时闻所未闻的方法付诸实现。

最后也是最特别的一点：大革命作为概念和特定历史事件被深深印刻于当时人的意识之中。无论是革命的追随者还是反对者，面对这场已进入日常秩序中的巨变，又产生了新的问题，即什么是革命？它如何结束？它带来哪些机遇与危险？由此人们应如何对待革命，并在类似情况下又应如何自处？这些对法国大革命的认知与评价还将持续影响日后的德意志历史，尤其是在1830年和1848—1849年。

革命战争

但直到发生在法国的政治运动开始演变为一场捍卫革命成果的暴力行动，且这一行动很快就越过法国国境之时，法国大革命才让很大一部分德国人感到了震惊。法国的这一变化同样也源于其国内政治环境。首先，对于激进分子而言，战争是“为了捍卫自由所必须进行的”，甚至事关“民族大义”，因为从中可以产生出新的革命张力，而这将使法兰西人超越目前矛盾重重的现实，联合起来组成一个真正的民族国家。

与之形成对比的则是，欧洲大国的君主们在很长时间内并没有为捍卫路易十六（Ludwig XVI[①]，1754—1793）的王位而武装干预革命。更确切来说，所有的目光都投向了东方——俄国的扩张政策、波兰问题和土耳其战争[②]。因此这些国家既不打算从权力政治角度切入，利用法国的弱点乘虚而入；也不愿意发起一场镇

① “Ludwig”为路易（Louis）的德语化名称。

② 这一时期正是俄国在叶卡捷琳娜二世统治下势力大为扩张的时期。俄国在18世纪70至90年代三次参与瓜分波兰，最终导致波兰1795年亡国。1787年至1792年还爆发了与土耳其的战争，尽管这场战争是由土耳其挑起的，但随着土耳其的战败，俄国正式吞并了克里米亚和格鲁吉亚。

压革命的行动，尽管巴黎和维也纳有密切的姻亲关系[3]。因此，1791 年 8 月 27 日由奥地利和普鲁士签署的《皮尔尼茨宣言》(Pillnitzer Deklaration)，虽然声称所有欧洲大国将联合发动一场武装干预行动，但也只是口头威胁。

直到 1792 年 4 月 20 日法国向奥地利宣战，情况才发生变化。尤其是刚刚即位的奥地利君主弗朗茨二世(Franz II，1768—1835)，他与其具有宪政思想的父亲利奥波德二世（Leopold II，1747—1792）不同，他坚决支持波旁王朝复辟，并倾向于采取强硬方针。总的来说，干涉国一方的出发点是用一场快速胜利尽快镇压革命。在法国流亡贵族的影响下，普鲁士和奥地利已宣布要针对革命者发动猛烈的进攻(指上文的《皮尔尼茨宣言》——译者注)，但该宣言的影响力更多表现为签订双方的合作变得越发紧密，且最终加速了法国国王被处决[2]的进程。随着法国革命军取得出乎意料的节节胜利，原本以保卫大革命为出发点的战斗很快转向以自由为名的解放战争与征服战争。法国军队于 1792 年 10 月首次挺进神圣罗马帝国境内，占领帝国要塞城市美因茨。因此，无

---

① 法王路易十六的妻子玛丽·安东瓦奈特是奥地利皇帝利奥波德二世的同胞妹妹。

② 1793 年 1 月 21 日，路易十六在巴黎革命广场遭处决。

论如何，随之而来的不是一场短时战斗，而是一段持续近四分之一世纪，期间仅有短暂停战的烽火岁月。

继1792年至1797年第一次反法同盟战争[①]之后，1799年又爆发了第二次同盟战争，战争一直持续到1802年。而从1803年起军事行动再度出现，并于1805年升格为第三次同盟战争。1806年至1807年间则爆发了由普鲁士和俄国结盟针对法国发动的第四次同盟战争。随着1812年拿破仑开始进攻俄国，战争于1813年至1814年转为俄国抗击法国入侵的保卫战争，以及1813年10月在莱比锡爆发的民族大会战（Völkerschlacht），最终导致了拿破仑在1814年至1815年的彻底垮台。

法国革命军在战争中所表现出来的惊人军事实力归因于士兵们坚定的政治信念及随后引入的全民兵役制；而反法同盟方面的军事行动充其量只是纸上谈兵。事实上，法国还通过密集的政治宣传与残酷镇压的方式动员起比其敌方更多的兵力——在1794年的高峰时期参军男性人数至少达到80万。但同样不容忽视的则是由法国的敌人组成的联盟，他们只在短期内看似团结地联合在一起，且列强都各自谋求着自身的利益，并很快再次

---

① 反法同盟战争：1792年至1815年由反对法国大革命和拿破仑帝国的欧洲君主国组成的联盟与法国之间爆发的战争的总称。

退出镇压大革命的阵营。此举的始作俑者便是普鲁士。1795 年 4 月 5 日签署的《巴塞尔特别和约》①，使普鲁士得以抽出手来对波兰领土进行第三次瓜分，且直到 1806 年为止始终按兵不动，不再介入战争。

但这一举动很快也在两个方面显示出普鲁士未来的发展方向：脱离帝国联盟，并放弃相关的相互忠诚义务。在和约的密约部分，普鲁士同意将莱茵河左岸割让给法国，同时法国承诺这一领土损失将通过莱茵河右岸土地加以补偿。随后拿破仑与奥地利（确切来说是神圣罗马帝国）分别于 1797 年和 1801 年签署了《坎波·福尔米奥条约》(Treaty of Campo Formio）和《吕内维尔条约》(Treaty of Luneville)，由此预告了帝国境内的一场领土大变革，这一领土改变随后在 1803 年 2 月 25 日的《帝国代表团总决议》中得到官方的确认：放弃帝国领土的完整，莱茵河左岸地区被割让给法国。承担了割让领土代价的主要是帝国中实力较弱的成员——帝国城市、帝国骑士（领地）、小领主以及教会诸侯；而中等乃至较大的邦国却从中受益匪浅，它们

① 《巴塞尔特别和约》(Sonderfriede von Basel)：也称《巴塞尔和约》(Frieden von Basel)，是法国热月党人政府与普鲁士单方面签订的协约。

的领土面积有所扩大，甚至超过了其在莱茵河左岸丧失的土地；居民人口也明显增加，例如符腾堡的人口增加了一倍，而巴登的人口甚至翻了三番。但由于几个世纪以来，小邦诸侯一直是帝国和皇帝最重要的支持力量，随着这些小统治者的消失，最终决定了整个帝国的命运。因此有 16 个小邦国于 1806 年 7 月 12 日在巴黎签订了声明脱离帝国联盟并臣服于拿破仑的《莱茵联盟文件》（Rheinbundakte）也成了一种必然。就在上述文件签署后的 1806 年 8 月 6 日，皇帝弗朗茨二世宣布放弃神圣罗马帝国的皇冠，但他早在 1804 年为防止政治风云突变而额外给自己加上了“奥地利皇帝”的封号。延续近千年的德意志神圣罗马帝国最终灭亡。

普鲁士和莱茵联盟的改革

如果说德意志人在直接对抗法国革命军和拿破仑的军队之前，对德国在许多方面已通过自上而下的改革并产生作用尚深信不疑，那么军事上的失败已毫不留情地说明德意志国家及其社会的落后，因为这一切在法国是以革命的方式加以改变的。这对于普鲁士而言尤其如此。1806 年 10 月 14 日，普鲁士在同时与耶拿和奥尔施泰特进行的两场战役中惨败于拿破仑，随后被迫于1807年签订《提尔西特和约》(Frieden von Tilsit)。由于该和约，普鲁士不得不放弃近一半的领土，国力直接降到中等国家水平。

国家面临着生死存亡，迫使普鲁士在经历国王弗里德里希·威廉三世（Friedrich Wilhelm III，1770—1840）的长期摇摆及消极应对后，最终走上了全面改革的道路。改革的主要目的是反法、反革命：改革应使普鲁士重新获得叫板法国的实力；应有助于避免在本国出现相同的革命反抗，并且要避免以一场革命的代价来达成预期转变。

在冯·施泰因男爵（Freiherr von Stein，1757—1831）的领导下，改革以1807年有关解放农奴的《十月敕令》(Oktoberedikt）拉开序幕，一年后出台了承诺给予基层地方广泛自治权的《城市条例》(Städteordnung)。尽管迫于拿破仑的压力，施泰男爵因于1808年12月下野，但他的竞争对手哈登贝格（Karl Augst von Hardenberg，1750—1822）很快在此基础上，以法国为榜样，着手重新组建具有严格等级和官僚主义的政府行政体系；同时，一系列旨在引导工商业完全自由，创立统一经济区的手工业、税收和关税法案也可以归功于哈登贝格。此外，改革还包括了由威廉·冯·洪堡[①]负责的教育改革以及与沙恩霍斯特和格奈泽瑙[②]的名字联系在一起的全民兵役制的引入。

当然改革并非封闭的方案，彼此之间也并非全无矛盾之处。施泰因男爵致力于共同体理想，尤其想要强化邦国内部的团结；而哈登贝格的方案一方面更强调官僚主义和国家主义，另一方面在经济上则更侧重个人主义与自由主义。此外，改革措施由于遭到形形色色尤其是来自贵族阶级的阻挠，而在许多核心问题上大打折扣或流于形式，由此清晰地反映出改革道路相比革命所具有的局限性。弗里德里希·威廉三世始终缺席在1810年《财政谕令》（Finanzedikt）中允诺成立的旨在总揽全部改革事务的全邦人民代表大会（Gesamtstaatliche

---

① 威廉·冯·洪堡（Wilhelm von Humboldt，1767—1835）：德国著名教育家、政治家和语言学家。1809年洪堡担任普鲁士主管教育的官员，主持教育改革事宜。在其任内，他不仅重新改革了德国的义务教育体系，同时还建立起新型高等教育体系。洪堡一手建立的柏林大学，即为洪堡大学前身。

② 沙恩霍斯特（Scharnhorst，1755—1813）和格奈森瑙（August von Gneisenau，1760—1831）：两人均为著名军事改革家，大力推动普鲁士的军事改革。除了正文提到的全民兵役制之外，军事改革的内容还包括放弃单一正规军，建立国民预备役制度；同时改革军事管理制度，以文化水平和实际能力选拔军官等。

Volksvertretung)。尽管普鲁士国王迫于哈登贝格的压力，曾两度（1815 年和 1820 年）暗示修宪，但直到 1848 年革命爆发都未能付诸行动。

与普鲁士的情况不同的是，在莱茵联盟内部，各邦被迫进行改革，首先是因为新的边界原则，部分也来自法国的压力。在很大程度上等同于重生的邦国，像巴登大公国，其领土面积在 1802—1810 年间扩大了约四倍。如果它能在短时间内转变为一个统一的国家，那就能够在中长期内保持团结。因此巴登在 1803 年和 1807—1808 年出台了竭力争取全面统一的《融合法》(Intergrationsgesetzen)，1809 年由新上任的内阁部长冯·赖岑施泰因（Sigismund von Reitzenstein，1766—1847）撰写了《组织结构公告》(Organisationsreskript)，该公告开启了一场以法国为榜样的激进行政改革，并将城市和乡镇纳入一个严格按照等级制度划分的官僚集权体系之中。然而大规模的国家干预只破不立，它在废除传统共决与自治形式的同时，并未提出新的措施；与此同时伴随而来的则是民众为拿破仑战争付出了巨大代价，因此这一国家干预的改革首先在城市中遭到强烈的抵制。尤其是人们对于经济的预期和改革的远景未能得到满足，因为巴登（也包括大多数的莱茵联盟邦国）在经历了长时间的政府辩论后仍决议如下：法国民法典《拿破仑法典》(Code Napoléon) 只有在经过全面修订后才能被采纳，同时仅允许农业和工商业部分自由化。

更深入的改革方案则出现在被法国吞并、引进法国革命法规的莱茵河左岸地区及沦为拿破仑卫星国的贝尔格大公国与威斯特法伦王国[①]。在这些地区，其制度尽管原本就是按照模范国加以设计的，但法国人出于巩固统治利益的考虑，亦同意对现有制度作出多方让步。最后还要提到的则是哈布斯堡王国，它和一些北德和中德邦国一样，仍尽可能地对改革采取抵制的态度。

在几乎所有的国家，改革所取得的最重大成就在于现代国家体系的建立，它具有明晰的行政等级、职业化的官僚体系、可以直达最底层的国家权力以及严格的

---

① 贝尔格（Berg）大公国：1806 年至 1813 年间附庸于法兰西帝国的傀儡政权。1806 年巴伐利亚国王马克西米利安一世（Maximilian I，1756—1825）将其公爵领地贝尔格割让给拿破仑，并与普鲁士割让的位于莱茵河右岸的克拉夫公爵领地合称为克拉夫—贝尔格公国，由拿破仑的妹夫缪拉（Joachim Murat，1767—1815）元帅担任大公，从 1808 年起则由拿破仑亲自统治。威斯特法伦（Westfalen）王国：存在于 1807 年至 1813 年间，是由拿破仑建立的卫星国，由其幼弟热罗姆担任国王。但威斯特法伦王国的领土主体并不与威斯特法伦公国重合，而主要集中在黑森与威斯特法伦。

执法机构。但与此形成对比的则是彼此之间差异巨大的经济结构改革。但改革最终在任何一个地方都未能走太远——用过去人们的话来说，现代市民阶层是由倡导改革的官僚创造出来的。因此各种公开宣布旨在激发全新国民共同意识的目标，也因为民众参与度不高而仅有部分得以实现。改革的形式和内容起到了动员作用，但只是在某种程度上达成了统一，以至于最后造成的结果是，在度过了改革年代之后，官僚主义君主国家与其国民之间的紧张程度在不断加强。

早期民族主义

施泰因—哈登贝格改革被小德意志—普鲁士民族国家框架下的传统历史书编纂学解释为具有民族主义倾向，并视之为铺垫未来（德意志）统一国家的重大事件加以歌颂。而循着这一思路，莱茵联盟（国家）的改革则或被贬低为法国霸权胁迫下的非德意志措施，或被完全无视。同时，一幅在拿破仑战争时期日渐形成、轮廓日见清晰的德意志民族主义运动的画卷正被绘制出来。但实际上，如果我们追问民族主义观念的先驱和追随者及民族主义运动的起源，那么呈现在我们面前的则是一片标记着截然不同的坐标与方向的无边旷野。

最早的民族主义思潮是一种最广泛意义上的文化民族观念，这种想法源于不再受等级制度束缚的新兴知识分子阶层。他们属于由弗里德里希·戈特利布·克洛普施托克（Friedrich Gottlieb Klopstock，1724—1803）所归纳的“德意志学者共和国[①]”，然而文化民族主义中政治性的一面既不清晰也不重要；它虽然可以和爱国主义、乡土感情相互融合，但无疑保留了一种漠不关心的姿态。

德意志民族主义运动另一截然不同的重点则是伴随着反对拿破仑战争而来。虽然一切民族主义的努力均遭到了法国统治当局的残酷迫害，且莱茵联盟国家试图大力推动一种着眼于自身的特殊民族主义意识，但德意志民族主义运动在战争、占领和压迫的影响下仍构成了一种清晰可辨的冲击力：它为了塑造民族优越感而放弃世界公民（Weltbürgerlichkeit）观念，这在随后的一个多世纪被明确定位为反对法国的民族观，并由此获得了广

---

① 德意志学者共和国（Deutsche Gelehrtenrepublik）：源于克洛普施托克于1774年发表的同名小说。在书中，克洛普施托克构思了一个由市政官、行会和民众进行管理的开明的乌托邦共和国。由于克洛普施托克并不认同“主权在民”一说，在他的构想中，教育是这个国家最高级的财富，受过教育的精英阶层享有最大的权力，而教育程度是评价人们是否能够晋升更高级别官职的标准。

泛影响，普鲁士尤其如此。由此还产生了数以百计的爱国主义后援协会，约有 3 万名志愿者在 1813 年至 1814 年紧急投入战斗。

尽管形成了一股民族主义热情和政治动员的浪潮，但这场解放战争——从拿破仑在俄罗斯战场遭遇失败，到 1813 年 10 月 16 日至 18 日标志预示反法战争胜利的莱比锡民族大会战，再到 1814 年 3 月 30 日同盟国军队进入巴黎——却并未能如历史传奇故事所愿，产生民族主义运动高涨的结果。相反，从爱国主义运动到反法定位，无论是从政治上还是军事上来看都含混不清，在普鲁士也同样影响有限。

这一阶段最为棘手的问题则是拿破仑在莱茵联盟中的盟友地位。不仅仅因为很难解释清楚为何有数以万计的德国人在拿破仑军中阵亡，而如今却又要求幸存者反对法国人；更大的问题还在于，一旦拿破仑帝国崩溃，中德和南德各邦整个将面临国家存亡问题。巴伐利亚最先看清形势，即它作为莱茵联盟头号大国的政治地位业已不保，因此通过签署 1813 年 10 月 8 日的《里德条约》(Vertrag von Ried) 换取对其国家主权和领土完整的保证。很快其他邦国纷纷仿效，只有萨克森依然站在拿破仑一边，并不得不为此付出代价。然而，尽管获得了政治上的保证，但在取得反拿破仑战争胜利之后，关于是否及有必要像拿破仑时代那样在尚有待建立的全欧新秩序框架下重新划定欧洲版图，在一定程度上仍不明朗。

维也纳会议

所有这一切必须通过一场会议加以磋商和决定，在这一点上反法联盟很早就达成了一致。尽管许多核心问题早已在《神圣同盟协议》（Koalitionsabkommen）——尤其是1814年5月30日签署的《巴黎和约》（Pariser Frieden）中加以处理，但这场从1814年9月一直持续到1815年6月，整个欧洲均参与其中的会议所要解决的艰巨任务在于，欧洲诸大国如何在一种稳定的秩序下共同发挥作用，并建立起一种大国间的新均势。凭借着在对抗拿破仑的过程中产生并在会议谈判过程中确立的相互信任，各大国在维也纳逐步建立起一个巨头体系，一种全欧范围的均势秩序——英国、俄国、法国、奥地利和普鲁士以一种“最高法院（Areopag）”的方式肩负起维护欧洲和平的责任。

维也纳会议达成的决定性成果在于实现真正的复辟，重建革命前的欧洲秩序，而不仅仅是停留在试验阶段。更确切来说，在奥地利首相梅特涅（Klemens von Metternich，

1773—1859）的领导下，“合法性（Legitimität）”这一概念被提升到指导性原则的高度，一方面王朝继承法以此来为自己辩护，而另一方面又与各国要求统治合法化高于宪法的呼声达成完全一致。或者如历史学家伊丽莎白·费恩巴赫所说：“‘合法化’意味着革命的倒退和对变革力量的调整，使之与维持现状相协调。”

由此产生的结果是，尽管法国恢复至1792年的版图，波旁王朝得以重建，但依然保留了与战胜四国相同等级、具有发言权的大国地位。拿破仑家族的成员则失去了他们的王位，一些新建立的国家又被解散。而最重要的一点是，拿破仑时代的领土革命历程比其创建者本人的统治时间更为持久。

对于德意志而言，首先意味着已经瓦解的神圣罗马帝国无法死而复生。尤其是通过牺牲小邦、帝国城市和教会诸侯换来的南德意志各中等规模邦国已不能再次被废除，因此第一帝国这块地毯上的补丁也不可能重新被打上去。奥地利在尼德兰和西南德意志丧失的领土则在意大利得到了补偿——这无疑是一项对德意志历史具有重大影响的决策；普鲁士则必须将其1805年购入的汉诺威归还英国，但也因此获得了萨克森王国北部以及威斯特法伦和莱茵地区的大部分地区。同样，这一催生两大德意志邦国并立格局产生的决议也使得普鲁士直接与法国接壤，从而为日后霍亨索伦王朝承担重大历史使命创造了机遇。一直到维也纳会议行将闭幕之际，出台的大量有关领土问题的具体决议，都是针对一个个特殊形势的，但此后却未能形成完全体系化的上一级方案。

维也纳会议所要解决的关键问题在于明确中欧国家的国家形态。解决方案包括从重建神圣罗马帝国到联邦模式最终到由中等规模主权国家组成的松散联盟。最终梅特涅领导下的奥地利也加入了进来。

在这一背景下，1815 年 6 月 8 日维也纳会议上签署了《德意志联盟条例》(Bundesakte)，其中的前十一条条款被《维也纳会议文件》(Wiener Kongressakte) 所采纳而与整个欧洲秩序密切联系在一起，同时这一条例还得到了大国支持。这个不能自由退出的联邦由 37 个由君主统治的邦国和 4 个自由市组成；其中，奥地利和普鲁士仅以其过去从属于帝国的领土加入联邦。相反，领有联邦土地的外国君主也是联邦成员，他们是领有汉诺威的英国国王，领有荷尔施泰因和劳恩堡的丹麦国王，以及领有卢森堡的尼德兰国王。

根据《德意志联邦条例》第二条规定，联邦的任务是“保证德意志在内政和外交上的安全，及各独立德意志邦的独立自主与不受侵害”。联邦唯一的组织机构是位于美因茨畔法兰克福的“联邦代表大会(Bundesversammlung)”，通常被称为“联邦议会（Bundestag)”——一个由各成员邦指派的全权代表所组成的代表大会。各邦选票份额采取分级制，因此即使是奥地利和普鲁士，也无法在单独获得其他四个王国[①]支持的情况下，以多数票战胜中小邦国。然而在具体实践中，这两大邦在联邦内发挥着决定性的影响，尤其是梅特涅领导下的奥地利。梅特涅还担任着联邦代表大会的主席一职。

同样重要但未能纳入《德意志联邦条例》的则是职权范围的界定与组织机构，而这正是联邦所缺乏的：一套完整的立法与行政、经济与关税、统一的武装部队、联邦法院、一位国家元首，特别是无论何种形式的人民议会和统一国家的代表机构（Nationalrepräsentation)，接下来便是几乎永无止境的对宪法的争议。这在维也纳会议上也是如此。最终以联邦文件第十三条的出台保证在所有成员邦国“实行邦国宪法”。

德意志联邦（Deutscher Bund）在某些方面与神圣

① 除了奥地利帝国和普鲁士王国之外，德意志联邦中还有另外四个王国，它们分别是：巴伐利亚、萨克森、汉诺威和符腾堡。——译者注。

罗马帝国有相似之处，但其国家形式更多是以莱茵联盟（同样也是一个松散的“邦联”）为榜样加以建构的。因此它首先是迎合各邦追求各自主权的意愿；对此市民公共领域中却充斥着批评的声音，后者因自己的自由主义和民族主义期望落空而深感失望。这也使得长期以来对于德意志联邦的历史评价极为消极。

相反，由维也纳和会缔造的新体系所取得的重大成果是开创了长达五十年左右的和平时期，这也使得德意志联邦的成员从中受益，期间仅有屈指可数的几次小规模军事冲突。就这一点来说，在欧洲范围内，德意志联邦也是一个稳定因素，这一时期德意志鲜有冲突和暗流涌动，而其他大国对它的觊觎也被坚决予以回击。然而德意志也因这一和平保障付出了高昂的政治代价：政治发展停滞不前，改革与变化缺乏应有的空间。如此一来几乎无可避免地导致了 1848—1849 年的革命和 1866 年战争的爆发。

复辟?

让我们再一次更细致地探究很可能达成协议的现实转化情况。维也纳体系的缔造者们赋予该体系这样一个任务，即在欧洲范围内对形成革命的内外部条件斩草除根。就在拿破仑战争取得最终胜利后不久，在新生的德意志联邦内部就已经开始围绕维也纳和会所达成的共识进行讨论、解释及实践转化。其核心问题正是《德意志联邦条例》第十三条之“立宪承诺”。

尽管南德意志诸邦首先提出有关倡议，但由此也伴随着深深的忧虑：普鲁士和奥地利可能会凭借预先设定的德意志联邦立宪政策干预中等邦国的内政，继而损害后者刚刚失而复得的主权地位。同时，这些邦国还试图以之前被排除在外的行政机关对各邦事务的干预作为议会代表制的补充，以此拒绝之前那些被剥夺的小邦国要求恢复权力的要求，并将之通过一个按照等级制原则划分的参议院与邦国捆绑在一起。而由于各邦财政在拿破仑战争后遭到完全破坏的缘故，因此只有在获得宪法保障的情况下才能从新兴资本市场上获得最急需的资金。

与此同时，一场由基层发起的宪法运动也随之展开。这是一场自发形成的、旨在使部分在乡镇实现的政治共决形式向国家层面转化的运动。这场运动在符腾堡王国和黑森－达姆施塔特大公国的声势最为浩大，但1819年的《符腾堡宪法》和1821年《黑森－达姆施塔特宪法》的诞生就是一种对君主和等级制度正式妥协的产物。在1814年至1824年间的第一次立宪浪潮中，41

个联盟成员中至少有29个通过了成文宪法。当然由于第十三条条例本身模棱两可，因此无论新旧宪法都大量充斥着陈旧的等级规定。现代意义上承认经选举产生的人民代表和基本权利的宪法首先在南德意志的中等邦国中形成。

宪法的生效以及人民代表会议的首次选举是伴随着民众对它的殷切期望而来的。它不仅涉及大量更深入的政治改革，还关系到许多具体的经济与社会问题，这在第一批人民代表向政府提交的提案中一览无遗。然而，政府对此的合作意愿却极其有限，正如一份巴伐利亚的宪法草案所提示的那样，政府只希望“在不妨碍国家行政情况下，为迎合时代需求采取必要手段”，通过立宪达到自己的政治目的。

以大学生社团[①]形式组织起来的大学生活动则为普遍出现的起义提供了机会。1817年10月18日，由500名年轻人（其中大多是耶拿的大学生）参与纪念“宗教改革300周年暨莱比锡民族大会战胜利四周年”的瓦特

① 大学生社团（Burschenschaften）：德语文化圈的一类传统大学生组织。其字面意为“全体寄宿生”（Gesamtheit der Burschen）。从18世纪开始，“Bursche（寄宿生）”被用来指代大学生。德国最早的大学生社团于1815年在耶拿成立，1817年正是耶拿大学生组织了瓦特堡大会。

堡大会（Wartburgfest），导致部分邦国严禁组织学生社团。但直到1819年3月23日作家奥古斯特·冯·科策布[①]在曼海姆遭激进学生卡尔·路德维希·桑德（Karl Ludwig Sand，1795—1820）杀害之后，才真正令奥地利首相梅特涅意识到坚决干预大学生运动的时机已到。1819年9月20日，联邦议会在卡尔斯巴德[②]会议基础上通过决议：加强对大学的控制；对所有页数少于320页的印刷作品进行预审查；在美因茨建立了一个专门追踪革命性颠覆活动的调查机构。

1820年5月15日，《维也纳最后议定书》（Wiener Schlussakte）出炉，它对《德意志联邦条例》中许多语

---

① 奥古斯特·冯·科策布（August von Kotzebue，1761–1819）：德国作家，出生于魏玛。曾在自己主编的《文学周刊》（*Literarischer Wochenblatt*）上抨击大学生社团是滋生革命的温床，嘲笑深受大学生推崇的体操之父弗里德里希·路德维希·雅恩（Friedrich Ludwig Jahn，1778–1852）；攻击政治自由主义和德意志民族运动；同时他还是受沙皇俄国指派的驻德外交人员。科策布的政治立场和职业背景使得他成为学生眼中的"反动人物"，由其撰写的《德意志国史》（*Geschichte des deutschen Reichs*）不仅在瓦特堡大会上被付之一炬，更最终让他付出了生命的代价。

② 卡尔斯巴德：位于奥地利西北部的温泉疗养小城（今捷克的卡罗维发利）。1819年8月6日至31日在这里召开了德意志邦国代表会议，包括奥地利、普鲁士在内的10个邦国代表出席了会议。会后形成的文件即构成了之后《卡尔斯巴德决议》的核心内容。

焉不详的问题加以进一步的规定，这使得围绕德意志宪法争论的终结论最终以梅特涅的想法为准。从此君主制成为通行的法则，“全部国家权力集中在最高首脑手中”继续被保留，不允许通过人民代表的共同作用实际架空政权。

随着 1819 年至 1820 年这场反动政治转向，普鲁士和哈布斯堡王朝的宪法方案就此被搁置。从此德意志联邦也终于明确表示不再服务于全民福祉和民族发展，而仅仅承认其是暴力镇压的工具。

然而在此之后的十年或许也并非是激进复辟的时代，至少不像瑞士宪法学家卡尔·路德维希·哈勒（Karl Ludwig Haller，1768—1854）那本时常被引为时代标志的专著[①]的标题所显示的那样。尽管德意志联邦的政策制定完全以“梅特涅体系（System Metternich）”为准绳，该体系明确执行暴力国家方针，致力于镇压自由主义和民族主义运动；但各邦却展现出与之截然不同的图景：即使是重新复辟的邦国（尤其是南德意志的立宪君主国）都已不可能恢复到革命前的状态。当然，进一步的政治改革被搁置了下来，政府千方百计在政治实践中架空人

---

① 所指应为哈勒的主要作品《国家学的复辟》(*Restauration der Staatswissenschaft*)。

民行使共决权。其结果是削弱了“议会斗争”，并使得自由主义势力（也包括公务员队伍内部）进入一种更为防御的状态。即便如此，对于持异见的自由主义者而言，却又一再获得了这样或那样的机会——例如在 19 世纪 20 年代中期希腊反抗奥斯曼土耳其统治的解放斗争激起的广泛同情与支持浪潮中，公众按照他们的设想被动员了起来，与此同时他们的组织能力也得到了进一步发展。

新市民社会

在显而易见的政治停滞表象下，传统的等级社会制度开始趋于瓦解，全新的社会制度则处于萌发之中。

与过去一样，此类发展趋势的先行者是城市和城市里的市民。尽管地区之间以及不同城市类型之间的差距与日俱增，但总体上城市经济的繁荣不容忽视。从中获益良多的莫过于各大中型邦国的首都，以及早期工业化地区如莱茵兰和萨克森的工商业城市与贸易中心。早在 19 世纪 40 年代爆发工业革命之前，交通和贸易领域的革命就已经为经济发展提供了非比寻常的机遇。那些在拿破仑时代尚与难以预见的个人际遇、行业景气程度、国家干预（诸如大陆封锁[1]及战争机遇）联系在一起的因素，从1830年前后起被认为是通向经济成功所普遍采纳且有效组织的必由之路。经济政策上的宽松和技术上的创新——如行商权[2]和国内海关的取消，道路的改扩建与蒸汽船只的出现，1834年关税同盟的形成，最后则是铁路的兴起——为贸易及其相关产业和金融领域的发展注入前所未有的动力。那些有意愿且有能力以灵活机敏的姿态应对变化并承担风险的商人，往往就此拥有了辉煌的未来。除了古老的商业世家在19世纪30年代到40年代财富出现成倍增长，无数的后来者——其中犹太人占了最很大一部分——则有机会通过贸易或银行业取得成功。

市民阶层的人数与重要性不断上升，阶层与社会地位的提高得力于他们所受的教育。首先需要回顾的是在1900年前后对其产生影响的概念，即“受过教育

---

① 大陆封锁：拿破仑于1806年11月6日起对英国实施经济封锁，切断英国与欧洲大陆一切可能的进出口贸易往来，以此迫使其屈服。这场经济战一直持续到1811年才终止。

② 行商权：一项起源于中世纪的城市特权，即城市出于保护本地商业的目的，强制规定途经此地的外地商人只能在规定的时间和特定的区域内卸货或在本地销售。一旦有人超出规定的时间和区域，则必须向城市当局缴纳相应的税金。

的市民阶层（Bildungsbürgertum）”，这一受过教育的人群，即使并非正式的国家公职人员，一开始也是与国家紧密联系在一起的；但无论如何，他们当时并不属于城市市民阶层的权力圈子。然而从19世纪30年代至40年代开始，诸如医生、律师、建筑师，或者还包括工程师，这些专业性很高的职业发展速度尤其迅猛，他们可以凭借自己高度专业化且由国家认证的能力在市场上自由地提供服务；并借此首先是在日常生活中，继而在政治上向城市里在经济上占据主导地位的市民阶层靠拢。而在由行政官员、法官或者教授组成的国家公务员中，至少有相当一部分人也感到自己与资产阶级自由主义运动的目标紧密联系在一起。如此很多出身不同的“知识资产阶级”在各邦议会中成为对外代表城市及其市民的政治发言人。尤其值得一提的是，除了积极投身政治的教授如卡尔·冯·罗特克（Karl von Rotteck，1775—1840）和弗里德里希·克里斯托夫·达尔曼（Friedrich Christoph Dahlmann，1785—1860）——二人在四月革命中也是完全独立个体——之外，还有法官、律师和记者。

这种发展似乎证明，在个人自由、法律平等和个人成就基础上形成了一种全新的市民社会。在这个社会中，精神上独立、物质上自给自足的市民人数所占的比重不断上升，生活正逐步迈向中间阶层水平。这种社会在某种意义上被视为“无阶级的市民社会”（洛塔·加尔），即从国家治理和干预中被解放出来，随后将和谐有序地向前发展，因此也有能力实现自治。

在全新的社会结构形成过程中取得的重大进展为这种（城市自治）期望提供了实践支撑。这个社会结构以“社团”为原则，以市民自发合作为基础：从首个启蒙团体及读书会开始，“合作”就已经被构想为打破等级藩篱的手段。从此，这些社团在不断地进步中展现内部成员相互融合的力量：在这些出现于1800年前后的普通社交团体中，第一次聚集起一座城市中所有的领导阶层——贵族、军官、公职人员、知识分子和有产业的市民，这种社团内的融合，甚至超越了当时仍被强势保卫的宗教界限。从19世纪20年代开始，随着首批音乐、艺术、历史和自然科学等协会的相继出现，其成员也开始向中等市民阶层扩展。而从30年代中期开始，不仅大量的手工工匠参与到市民协会和行会中，甚至技术工人还加入到了体操协会和歌咏队中。

在长期讨论过程中被定义的市民阶层价值观和一种普遍的文化实践发挥着相互融合的作用，而这种价值观的培养有着许多不同的途径：个人和集体，在大中学校园和在剧场里，阅读；价值评判的标准也是天差地别，并始终处于“永恒”的讨论之中。这些团体只在少数几个观点上达成了共识，诸如对工作和成就的尊重，抑或是自力更生的理想。然而比个别具体价值更为重要的则是自发形成并指导生活的原则及公民对此的要求。

而这些团体很快也推动着市民文化的发展。它们聚集了一批献身新生事物的人，在公共领域中以一种全新的形式定义共同的价值观，并使之在社会实践中为人所知。它们通过建立图书馆、管弦乐团和合唱队，举办音乐会和艺术展，创办学校并组织成人教育，由此强化了市民阶层的自我意识，即深信一个个由个体组成的市民群体蕴含着几乎无穷尽的力量，即使没有领主和国家，也几乎可以解决所有的难题。

当然这一资产阶级的融合设想也存在一系列问题，其中部分是结构性的缺陷，部分则是受时代制约所形成的缺陷与抵制。首先，在这个正在形成中的市民社会中，女性的平等权利并不包括在内，她们的角色和活动范围更多的是对于被不断极化的两性的理解框定和限制。与向外发展负责经济事务、在政治上被赋予完整权利的男性相对立的是被定性为感性文雅的女性，后者发挥作用的空间被限制在家庭内部。然而，无论是在节庆和娱乐活动中，还是在艺术和慈善领域中，市民公共领域既不能也不愿意完全放弃女性，在这些地方尤其需要一些具有特殊技能的女性，这些地方将成为女性独立工作继而进一步争取权利的场所。

在四月革命之前，市民阶层与作为少数族裔的犹太人之间的融合，也同样举步维艰。这一进程遭遇严重搁置，仅在接纳犹太人加入社团方面取得小小进展。这不仅反映出犹太人想要获得平等权利的道路的艰辛，同时也暴露出根深蒂固的反犹偏见——尤其是在那些拥有富裕犹太少数族裔的传统城市，比如美因河畔的法兰克福和汉堡。一直到 19 世纪 30 年代至 40 年代，各重要社团已吸收了一部分受过教育的富裕犹太人。尽管犹太人的市民化进程迅速向前推进，但对于许多普通犹太人而言，社团的大门却向他们关闭了，其中包括纯粹由犹太人组成的社团。这种持续歧视对平行犹太社会的形成构成了至关重要的影响。

但最严重的问题在于，市民阶层对于未来的期望被城市中各种相互矛盾、无法整合的社会发展所打破。按照传统的标准被视为市民阶层核心的那部分城市手工业者，在 19 世纪上半叶陷于沉重的经济与社会危机之中，而当时的商法对于这样一种危机的发展却“奇怪地不起作用”（沃尔弗拉姆·菲舍尔）。即使1810年至1811年哈登贝格由于改革而成为开拓普鲁士工商业自由的先驱，其也和南德意志诸邦一样被卷入其中。尽管南德意志诸邦在自由化问题上取得了个别进展，但直到19世纪60年代才出台了一部相关的商法。随处可见的手工业者人数迅速增长，并成为发展最为迅猛的群体。因此在同期人口增长超过50%的情况下，普鲁士工匠的人数在1816年至1846年间增加了77%，而熟练工及学徒的人数甚至提高了165%。

然而，与这样一种人数增长相对的则是大多数的手工行业无法提供相应的工作机会。仅有少数行业如食品业和建筑业欣欣向荣，前者需要满足当地对于食物不断增长的需求，后者则得益于普遍的城市繁荣。其他的行业（例如金属加工）就不得不与工业企业竞争。裁缝、鞋匠和木匠这些大众行业则首先感受到不断扩张的包买商制度的威胁。包买商将名下的货物分配到各家庭作坊进行生产，随后以新的销售形式——诸如在大城市的服饰和家居杂志上进行售卖。

尽管在许多案例中，手工业者凭借着灵巧的技术和商人的敏锐，开辟出新市场，并逐步转向工业化生产，但仍有大批采取手工劳动的行业处于生死存亡的结构性危机中。越来越多的手工工匠聘不起帮工，不得不在最精简的条件下工作，生活寒酸，挣扎在温饱线的边缘。而对于人数大增的帮工而言，大多数人也不再渴望成为一名工匠，这在一些连工匠师傅的收入都无法保障的手工行业尤其如此。

不仅帮工和工匠师傅之间的物质差距在缩小，过去传统手工业的生活方式也在一步步遭到侵蚀。部分原因是独立工作和依附劳动之间的界限变得愈发模糊不清，即师傅和帮工在为分包商工作的家庭作坊中是相互独立的。部分原因是帮工相当于自由雇工，这在建筑行业尤其常见。越来越普遍的情况则是手工业者通过受雇于工厂、从事铁路建设，或充当日薪工人，超越了原来的职业界限，开始形成另一种形式的依附劳动。因此总体上手工业者及学徒的市民意识的形成仍值得商榷。

不容小觑的威胁则是城市底层民众日益加剧的无产阶级化趋势。在前现代城市中，只有一家之主的男性掌握着全部家庭大权。他对外代表这个市民之家，对内则统领一切。无论是家庭成员，还是生活在这个家庭的仆人、帮工和学徒，都处于男主人的支配之下，他们受到严格的控制，但仍能在有限的范围内获得法律和社会的保护——尽管范围受到限制。这种家长制社会理想尽管并不能与真正的城市生活完全匹配，但直到 19 世纪 30 年代至 40 年代，摆脱这一传统纽带的城市人口才得以快速增长。许多帮工，还有部分学徒不再寄住于工匠师傅家中，长期帮佣的仆人数量也开始停滞增长；而此时进入工厂、参加铁路建造和其他大型建设项目的工人，日薪工人和临时工，以及长期失业者、乞丐和“流氓无产者”的人数却与日俱增。这些不再属于市民家庭却又不曾拥有合法权利的城市底层民众比重因此出现剧烈增长。

而随着大规模人口迁移的出现，例如向早期工业化中心以及柏林、维也纳这样的大都市的流动，最大限度地推动了城市无产阶级化的进程。因此从 19 世纪初到 1848 年，普鲁士人口翻了一倍有余，达到 40 多万。底层民众的数量急剧增加，权利进一步丧失，仍遭受贫困的威胁。这些人当时已经占到城市人口的 80%。相反，社会等级较高的市民只占到 5%，而中等阶层则占到约 13%—14% 左右。虽然一直到 19 世纪中叶，多数城市仍未明显表现出危机状况，但已经预示了类似的发展方向。凭借一份经济上有保障的收入独立谋生的人数明显不增反降。人数较少的上层与广大普通城市居民之间所呈现出的裂痕取代了上升中的中间阶层。如此要求树立“市民社会”理想下各阶层的融合承诺不仅对于社会底层而言尚有待商榷，对于人数庞大而日益穷困的市民阶层同样如此。

卡尔·马克思继承了哲学家格奥尔格·威廉·弗里德里希·黑格尔（Georg Wilhelm Friedrich Hegel，1770—1831）对于自由主义者的和谐社会图景基础的质疑，他从上述现象中得出如下结论：社会发展结果是分裂为两个严重对立的阶级——资产阶级和无产阶级。只有无产阶级的统治才能消灭阶级社会，并最终以进入大同社会这样一种新社会形态而宣告终结——这与市民社会乌托邦之间存在相似之处。

社会紧张的情形不断加剧不仅出现在城市中，也同样出现在乡村。1800 年至 1850 年间一个总的特征是，尚有超过四分之三的人口生活在乡村，而等级秩序不断被瓦解变得清晰可见。首先明确“解放农民”的总体框架，这在普鲁士和莱茵联盟的改革时代都是一项显而易见的巨大进步。在废除农奴制和世代依附之后，到处都出现了这样的现象：原本与封建权利联系在一起的土地转变为可以自由买卖的私人财产，但与土地相连的赋税徭役负担还需通过向地主支付赔偿的方式赎回。普鲁士

1821年的《赎买条例》(Ablösungs-Ordnung) 规定，补偿金额为年赋税徭役总额的25倍。这一规定的具体转化却因面临贵族地主的抵制以及复杂的政治局势而被推迟。此外，许多农民无力承担赎买金而不得不将他们的土地作为补偿部分转让出去。如此，农业改革直到1849年革命爆发前也未能圆满达成。当然在这个问题上地区间存在着巨大差异，并且催生出极具破坏力的冲突潜流。

作为传统秩序领导者的贵族也在这场社会变革中遭遇非同一般的震荡。他们在世纪初的政治版图变革以及改革法规中丧失了统治权。教产还俗剥夺了贵族阶层为家中排行靠后的孩子提供保障的机会。战争和随后发生的农业大萧条又不断消耗着他们赖以为生的经济基础。而农业领域不断增强的商品化趋势迫切要求产生一类新的经济领导者。换言之，贵族正陷于史上最严重的危机之中。

但在这样的背景下，令人好奇的是大多数贵族家庭是以何种方式成功保存经济实力，并维持住自己作为领导者的社会地位的？拥有地产的贵族（特别是那些最上层的贵族）自19世纪30年代起就从农业繁荣中获取了大量利润，部分则得益于改革法流入的赎买补偿，并使自己的产业适应现代农业生产的要求。尽管改革使得易北河以东的容克贵族地主在法律上失去了他们的领地，但正是他们，成功地建立起各式农业企业。同样对此起到积极作用的是，许多邦国出于维护政治稳定的利益考虑，推动一种形式上的贵族复辟。军队和官僚系统中的大量职位被贵族占据，其实力再次得以强化。甚至在政治上，作为前诸侯[1]、地主和官僚的贵族通过议会上院重新成功获得影响力。

相对于贵族，农村人口成分的多样性使得仅用寥寥数笔勾勒他们的处境及发展状况显得更为困难。除了那些大中型自耕农尚能维持良好生计的地区，有的地区甚至连中农也因为以农业法为基础的土地转让和赎买金的存在而受到实质性削弱。加之在南德意志地区按照土地平分继承原则将不动产划分成小块或极小块，由所有拥有继承权的子女继承，他们原本就艰难的生计又遭到农业改革的全面侵害，并由此迅速滑向贫农阶层。这一原本就是人口增长进程中增长最快的群体，直到19世纪

---

① 前诸侯：前文中提到1803年《帝国代表团总决议》生效之前直接效忠帝国的小邦诸侯或领主群体。尽管这一群体在拿破仑战争后失去了领土和统治权，但莱茵联盟和维也纳和会出台的若干文件仍保证了他们在新成立的德意志联邦内部享有特殊权利。

中叶也仅有一小部分迁入城市。尽管如此，大部分的底层农民还是脱离了等级社会中的传统纽带与保障，不得不在自由但充满争议的市场上找寻工作、获取收入。因此在不同的地区所导致的结果有所不同：在乡村，或是富裕农民与赤贫户之间构成了一种尖锐的对立关系，或是出现了普遍的贫困。在后一种情况下，普通农民与贫农之间区别并不明显。

因此，在19世纪30年代至40年代，无论在乡村还是城市，社会的发展都在迈向一场严重的危机。越来越多的人陷入这场显而易见的社会贫困之中，因此当时许多人致力于研究贫困，尤其被反复讨论的是这样一个问题："贫困化"这一借用自英语的概念，到底是传统等级秩序的突出产物，还是由新兴市场和工业竞争产生所致？同样引发争议的还有解决方案，但最终结果是无论是政府举措还是市民倡议都未能在早期解决。

除此之外，从1840年中期开始，这一长期危机上由于叠加了种种短期危机而进一步严重，特别是挣扎在温饱线上的边缘人群，他们的生活条件急剧恶化。1845年和1846年因为病虫害的原因，农作物较正常产量减少了50%—60%，德国再一次经历了前工业化时代由气候变化所引发的经济和供应危机，而此后危机则永远与经济周期（也就是工业生产的周期性上涨和下跌）联系在了一起。但无论如何，1845 年至 1847 年间的食品价格上涨到了一个惊人的水平，翻了 2—3 倍。危机导致一股潜在的反抗力量积聚起来，正是这股潜在的反抗力量要从根本上为 1848 年至 1849 年的革命承担责任。

“三月前”时期[①]与革命

七月革命及其余波

19 世纪 20 年代地中海地区同样没有发生革命，直到 1830 年 7 月才从法国爆发反对波旁王朝复辟的起义中获得动力——短短几天之内查理十世（Karl X[①]，1757—1836）退位，法国建立起以“公民国王（Bürgerkönig）”路易·菲利普（Louis Philippe，1773—1850）担任国家元首，以资产阶级自由派主导的新王朝，欧洲大陆上大部分地区因此均陷入革命的动荡之中。比利时从尼德兰分离出来，并建立起自己的君主立宪国家；波兰反沙俄

① “三月前”时期（Vormärz）：近代德国历史上的一段重要时期，一般是指从 1830 年法国七月革命到德国爆发 1848 年革命这段时间。

① 法文应作“Charles Ⅹ”，此为其德语化名字。

统治、意大利反哈布斯堡统治的情绪持续高涨。

在德国，从 1830 年 8 月底开始，在很多城市及一些乡村地带也出现了需要反复动用军队镇压的骚乱。多数骚乱首先得到了底层民众、手工工人、工厂工人、日薪工人以及日益贫困的农村人口的响应，并由此激发出了全社会的积极性。最初是在北部和中部一些拒绝实施改革、也未通过宪法的邦国，由自由主义者组成的反对派利用社会抗议成功达到他们的政治目的。如此，1831 年至 1833 年间，在第二波君主立宪浪潮下，布伦瑞克公国、黑森选侯国及萨克森和汉诺威两个王国均实现了现代意义上的代议制政体，它们在一些方面甚至比南德意志的君主立宪邦国更倾向于自由主义。

与之相反，南德意志诸邦则在现有的立宪框架内抵挡住了政治与社会骚乱。在巴登，1830 年 3 月才登基的新任大公利奥波德（Leopold，1790—1852）不仅任命具有改革意识的顾问格奥尔格·路德维希·温特尔（Georg Ludwig Winter，1778—1838）为首相，还下令重新选举，由此产生了自由派占多数的局面。受大量改革法案的激励——其中被视为最重要的法案莫过于新的《市镇条例》(Gemeindeordnung)、《公民权法》(Bürgerrechtsgesetz）和《新闻法》(Pressegesetz)，这对政治生活意义重大：广泛废除新闻审查与自由新闻兴起，1831 年秋因卷入波兰自由战士行动[①]而产生的民族团结浪潮以及 1832 年初夏展开的地方选举，前所未有地调动起巴登人民的政治积极性。

与此同时，一场激烈的反对运动再次卷土重来。它首先出现在之前未受法国七月革命波及的两大邦国——奥地利和普鲁士。1832 年 6 月 28 日，德意志联邦议会在《六点纲领》(Sechs Artikeln) 中强化了自 1819 年起实施的镇压政策，并详细阐明了各邦在这一方面所应承担的共同义务。一周之后又出台了《十点纲领》(Zehn Artikeln)，按照这一文件，所有政治性团体、所有带有民族主义意味的标志以及在公共场合发表任何形式的政治演讲均被明令禁止。此后新闻审查也变得日益严苛，巴登大公则被迫废除有自由主义倾向的《新闻法》。

这一系列镇压措施特别针对 1832 年 5 月 27 日举行的汉巴赫大会 (Hambacher Fest)。这场大会参与人数多达近 3 万人，是三月革命爆发前最大规模的集会。

① 波兰自由战士行动：温特尔于 1815 年起担任巴登内政副部长，1830 年担任部长，1833 年至 1838 年间被任命为巴登公国首相。这期间他在巴登推动了一系列倾向自由主义的经济和政治改革。

大会由“德意志新闻与祖国协会（Deutsche Preß- und Vaterlandsverein）”组织。这是一个 1832 年 1 月底在莱茵河左岸巴伐利亚的法尔茨成立的协会，旨在反对慕尼黑政府的保守主义政策倾向；但随后它的影响力便超出了法尔茨地区，更因拥有 100 个分会、约 5000 成员而引发广泛共鸣。尽管联邦议会早在当年 3 月就已颁布禁令，但该协会却仍能成功地转入地下活动，还组织了一场向汉巴赫城堡遗址①进发的“行军”。许多自发前来的参与者实际上是因为社会问题而被动员起来的，但由于会场中汇集成黑红金三色旗的海洋，因此最具有影响力的主流观点认为这是一场要求民族统一与自由的大规模示威游行，而这也是汉巴赫大会留给当局的观感。随后于 1833 年 4 月 3 日发生在美因河畔相当于德意志联邦首都法兰克福的事件则被视为此次大会的后续：当时一个由激进学生组成、看上去完全独立的团体在仓促准备的情况下冲击警察总局，试图发起一场推翻政权的行动。对此梅特涅的回应是继续强势镇压。

---

① 汉巴赫城堡遗址：位于莱茵兰—法尔茨的诺伊施塔特（Neustadt），曾是一座建于中世纪的城堡。因汉巴赫大会在此举行而被视作除美因河畔法兰克福的保罗教堂之外德国民主化运动最重要的标志。

镇压政策的失败

然而事实表明，尽管许多德意志邦国表面上大多恢复政治稳定，但不同于19世纪20年代，这期间无论是自由主义反对派的成功斗争或是对他们的镇压都不能再被提及。

一方面是由于反对派更为广泛而有效地掌握了政治串联与动员的手段。那些不断扩大规模，表面上无涉政治的社交、音乐、艺术和商业社团以及之后的歌咏和体操协会，都是拥有政治和社会地位的市民经常聚集的地方，他们的基本诉求与自我意识由此得以强化，而正式宴会实际上也是许多人政治集会的挡箭牌。对德意志民族的精神领袖如古腾堡（Gutenberg，1400—1468）、歌德（Goethe，1749—1832）或者席勒（Schiller，1759—1805），他们以竖立纪念碑的方式加以纪念，而这些纪念仪式又被精心设计成政治性示威行动。虽然新闻审查制度极为严厉，报章出版亦阻力重重，但新闻媒体在为逐步推动公开论战所做的贡献中已包括对政治问题的讨论。市政当局与议会大多牢牢地掌握在自由派手中，并在各邦议会以高超的手段达成了政治妥协，还在全邦范围内建立起一个“联系网—自由主义政党”的早期组织形式。

另一方面，许多政府采取的镇压措施最终被证明是无效的，这是因为在斗争过程中——正如“哥廷根七君子（Göttinger Sieben）”事件所展现的那样——反对派的力量不仅未被削弱，反而有所加强。在汉诺威王国，1837 年 11 月 11 日刚刚即位的恩斯特·奥古斯特一世[①]以程序不合法为由，废除了四年前由其兄长（指威廉四世——译者注）承诺通过的宪法。七位哥廷根大学教授[②]——其中包括历史学家、政治学家弗里德里希·克里斯托夫·达尔曼（Friedrich Christoph Dahlmann）以及格林兄弟（Jacob Grimm，1785—1863；Wilhelm Grimm，1786—1859）——因此投书抗议。随后七人被大学方面解职，其中三人甚至不得不流亡国外。

值得注意的是，这一事件不仅引发巨大的反对浪潮，

---

① 恩斯特·奥古斯特一世（Ernst August I，1771—1851）：英王乔治三世第五子。在他继位之前，英国与汉诺威王国共奉一君的局面已逾百年。1837 年英国国王威廉四世去世后，由其侄女维多利亚即位。但由于汉诺威王国的王位继承法不承认女性继承人，恩斯特·奥古斯特一世遂被立为汉诺威国王。

② 七位哥廷根大学教授：除了达尔曼和格林兄弟外，另外四人分别是：历史学家格奥尔格·戈特弗里德·格尔维努斯（Georg Gottfried Gervinus，1805—1871）、东方学家海因里希·埃瓦尔德（Heinrich Ewald，1803—1875）、宪法学家威廉·阿尔布莱希特（Wilhelm Albrecht，1800—1876）以及物理学家威廉·韦贝尔（Wilhelm Weber，1804—1891）。

在德国所有支持自由主义的公开场合到处是声讨汉诺威国王所作所为的声音；但更确切来说，该事件以莱比锡为起点形成了一批支持民族主义的团体。这些团体为这七位被解职的学者继续支付教授酬劳，直到若干年后他们在其他德意志邦国取得教职为止。如此不仅为自由主义反对派创造了利用这一事件加以宣传的可能，同时也为他们扩大和巩固自己的联络与组织结构提供了契机。

民族国家与民族主义运动

从 19 世纪 30 年代开始，民族主义运动变得更为重要起来，自由主义反对派对于各邦内部的政治停滞以及德意志联邦所扮演的镇压者角色作出了反应。他们对于追求自由、法律保障和政治共决的宪政要求只能在一个德意志民族国家的框架下得以实现，而这正是当时传播日益广泛的最终结论。

随着有组织的民族主义运动的发展，运动的重心发生了转移。首先是歌咏和体操类协会在 19 世纪 40 年代发展成为一种全社会普及的大众团体，其成员人数近 20 万。这些团体活动起初是地区性的，随后升格为跨国性活动，它们与众多地方上（也包括跨地区）出现的大量要求建立各类民族纪念物的倡议，以及日耳曼学学家和博物学家的民族大会一起，强调德意志作为文化国家的统一的必要性，并要求建立一种支持自由主义的本民族的公共领域。

有关民族国家的新内涵也如期而至。早在1834年德意志关税同盟（Deutscher Zollverein）成立之际就已提出建立一个民族经济区的观点。此后随着19世纪40年代经济和交通发展的显现，未来的国家被认为应更多地承担经济责任，如为地方工商业提供关税政策保护，同时也是对外代表德意志经济利益的强有力代表。而围绕民族国家强权外交的大规模讨论，也借由1840年突发的莱茵危机，以及围绕石勒苏益格和荷尔施泰因两公国逐步升级的长期冲突，变得重要起来。前者是法德之间围绕莱茵边界问题的一场激烈宣传战；后者则起因于石荷两邦与丹麦共奉一君，随着19世纪30年代末德意志与丹麦民族主义运动强烈的融合要求，使得这一冲突暴露无遗。如此，民族国家在德意志的讨论语境中越来越被想象为一个可以行使外交权利的强权国家，它可以采取必要手段以维护自身利益。但激进民族主义的声音也伴随着这些争论不断增长，并强烈要求德意志民族与相邻民族划清界限。

首先可以看出，想要实现民族国家（它被视作一种自由主义国家制度的总和）显然还存在其他的问题。如果宪政自由主义进程停滞不前，首先也不可能成功，一个国家的民族统一、经济体量以及外交实力同样是它值得实现的自我目标。统一与自由因此是彼此分离的。对此具有代表性的是在一系列的自由派反对者中开始的讨论，即在冲突中到底何者优先，统一还是自由？与此同时，保守派阵营也开始着手安排不同于自由派的民族方案，但仅停留在起步阶段。

最后要提出的是一个越发迫切的问题，即在何种情况下、以何种方式建立德意志民族国家？由于奥地利领导下的德意志联邦日益僵化，使得很多人将部分期望寄托在普鲁士的民族主义运动上，后者凭借内部改革及其在关税同盟中所扮演的领导角色而被视作充满活力的邦国。1840 年即位的普鲁士国王弗里德里希·威廉四世（Friedrich Wilhelm IV，1795—1861）也以其亲民的政治风格、短暂缓和政治高压的怀柔政策以及颁布一些象征性示好民族主义运动英雄人物如恩斯特·莫里茨·阿恩特[①]、弗里德里希·路德维希·雅恩以及格林兄弟的

① 恩斯特·莫里茨·阿恩特（Ernst Moritz Arndt，1769—1860）：德国作家、历史学家。曾在德意志解放战争期间，创作大量作品以鼓舞民众奋起反抗拿破仑军队对德意志的占领，因此也被认为是一位民族主义者。1848 年当选为法兰克福国民议会议员。

谕令，对此起到推波助澜的作用。但在弗里德里希·威廉四世治下，改革时代遗留下来的宪法问题仍然阻碍普鲁士发展民族主义运动。因此从当时民族主义的处境出发，并不能强行决定到底是采纳理想主义的大德意志方案还是现实政策的小德意志方案。

革命前夜

无论是民族问题还是政治争论都在19世纪40年代变得越发错综复杂。经济与社会变迁加速，反对派运动在沟通组织方面进步，引发了更为深入的政治讨论。在讨论过程中，不同的思潮与世界观之间的区别也变得越发清晰，新闻审查与禁止结社不可能长久制止这一加速中的政治化进程。但在普鲁士，全邦议会的失误使持批判观点的知识分子通过出版物和学校宣传对这一讨论构成了极大的影响力，这些讨论因此过于侧重理论，并且它所传达的政治观点千差万别。相反，在为自由派运动提供相对较大活动空间和更广泛实践的君主立宪各邦，自由派阵营的政治参与度更为明显，并与城市和乡镇的社会基础密切相连。

除了各地自由主义运动的发展程度不一之外，19世纪40年代，保守主义越来越多的声音也开始进入公共讨论之中。一直以来置身事外的天主教首次对一系列国家与天主教会的冲突作出反应，主要在普鲁士和巴伐利亚。回顾一下在这些政治论战中居于中心位置的，不难归纳出其中构成日后德国政党体系的五股主要势力：保守主义者、天主教徒、自由主义者、激进的民主主义者和社会主义者，但其时这些实力尚未组成政治党派。占据主流的仍然是反对官僚主义的专制君主国，一场以激进势力反对顽固势力的斗争。

正是自40年代起不断激化的经济与社会危机以及由此频发的群体性抗议示威所造成的影响，使得原本统一的的反对派内部首次出现了分裂，最著名的例子当属1844年爆发的西里西亚织工起义。他们中的部分人采取了以暴力手段反抗因棉纺织品价格下跌以及自己为之卖命的包买商的经济剥削导致的社会贫困。尽管起义很快遭到军事镇压，却仍在德意志公共领域引发强烈共鸣，后续的示威游行至1847年春真正达到顶峰，特别是当时各城市陆续爆发了因饥荒引起的骚乱。随着时间的推移——尤其是当1847年夏农业取得大丰收之后，这些社会动荡逐渐归于平静，但与此同时，政治形势却进一步恶化。

三月革命

随着1848年2月起义革命在德意志邦国开始蔓延

开来，这种势不可挡的力量震惊了当时的大部分人。从巴黎传来的第一轮关于“公民国王”路易·菲利普退位、法兰西共和国宣布成立的消息尚未被证实，政治性集会和声明便已出现在德意志境内：最早出现且具有代表性是2月27日举行的曼海姆（Mannheim）大会。到处流传着这样的观点：人们正处于革命的变革之中，并将开启一个新的时代。一夜之间，斗争目的不再是要求君主国履行改革承诺，而是要求从根本上改变体制，尤其是当革命的火苗迅速在城市间传递并超出了德意志版图时，更加深了这样一种信念：这场革命是欧洲民族国家普遍觉醒、各民族普遍迎来春天的一个组成部分。

召集集会，起草自由主义核心观点的请愿书并递交议会，集结大众向各邦首都进发，迫使君主接纳杰出自由主义的政治家进入内阁，这些发端于19世纪30年代至40年代的种种手段，尽管之后被当局磨去了棱角，却仍令迄今为止反对官僚主义专制君主国的一切政治运动获益良多。几乎与此同时，这些举措也被民族主义运动采纳。在反对派看来当务之急是要获取主动权。因此自由派通过选举代表——“真正的人民代表（die wahren Volksmänner）”，想以他们的影响力对抗反动的德意志联邦。51名杰出的自由派人士——其中从海因里希·冯·加格恩（Heinrich von Gagern，1799—1880）到弗里德里希·勒默尔（Friedrich Römer，1794—1864）、弗里德里希·丹尼尔·巴塞曼（Friedrich Daniel Bassermann，1811—1855），再到弗里德里希·黑克尔（Friedrich Hecker，1811—1881）等人于1848年3月5日齐聚海德堡。他们商定要在法兰克福组建一个“预备议会”，以筹备随后依照宪法组建的全德国民议会（Nationalversammlung）的选举，这一决议因此也被认为是德意志迈向民族国家的标志，而决议本身由于完全不以旧制度框架下的“合法性”为基础，因此是一份极为彻底的革命性文件。

然而，革命并非以此为契机展开，而是从一开始在大众抗议示威中就已经蕴含着充足的能量。这场来势汹汹的革命不仅无法在旧体制下被加以控制，也并不单纯是发展至此的自由派反对力量实现其政治目标的工具。除了城市爆发示威游行外——参与其中的尤以手工业者及其帮工、按日计酬的临时工、失业工人以及其他一些属于城市底层的民众居多。在农村也突发动乱：首先是在那些农业改革尚未完成的地区，农民因仍旧存在的赋税及贵族特权而深感负担沉重、备受压迫，因此广大农村人口采取公开的暴力方式反对地主及政府官员，以此表达心中的愤怒。

面对普遍的骚乱和广泛的不满，各邦君主及其政府的反应却出人意料地优柔寡断，到处都处于对武装暴力的恐惧之中。尤其是在 3 月 13 日的维也纳和 3 月 18 日至 19 日爆发起义者与军队之间的街垒巷战后的柏林，面对广大人民群众的激烈反抗，两邦统治者选择妥协，并于 3 月底作出让步；而用普鲁士国王弗里德里希·威廉四世回忆这一事件时的话来形容，此举完全“低三下四”。尽管如此，君主制得以保存下来。不同于法国，德国爆发的革命止步于王权。暂时的胜利来得如此迅速，几乎不费吹灰之力，但也从本质上动摇了国家权力中枢、官僚系统和军队，这对于革命的进一步发展具有决定性的意义。但它首先完全是在憧憬新开端的激情及相信 1848 年将远胜此前所有取得成功的革命胜利意识的背景下产生的。

介于激进与改革之间

在革命者方面，由于政治观点的分歧形成了两股对立的主要思潮。自由派一方面出于对革命走向极端的担忧和对现实政治的考虑，试图与现行秩序达成意见一致。君主制应当无条件地被保留下来，因为他们似乎可以长期屏蔽社会变革的产生。同时，自由派还认为普选的时机尚未到来，底层民众首先应当通过逐步购置不动产、接受教育的方式成为拥有完整权利的国家公民。但另一方面，自由派仍希望能推进政治改革，按照他们的设想，未来才应当由人民以及他们在议会中的代表主导重要的政治议题。

相反，民主派的目标则是要成立社会共和国，或者至少在进一步剥夺王权的前提下建立一套契合持续变革的政治制度。但他们所追求的政治与社会改革要求需要经过议会多数表决后方可执行，而议会则应从一开始就通过普选的方式允许底层市民阶层参与。从这些基本立场出发，民主派扮演了进攻性的角色，而这已经超出了在革命的最初几周里扮演的角色。但在有关路线采纳的问题上，不同民主派系的观点却出现了分歧。以罗伯特·布鲁姆（Robert Blum，1807—1848）为首的主流温和派准备在议会执行少数服从多数的原则，但在新政治制度设计上确保了少数派的地位，借此共同发挥作用；而一小群围绕在弗里德里希·黑克尔（Friedrich Hecker，1811—1881）和古斯塔夫·施特鲁夫（Gustav Struve，1805—1870）周围的激进分子，则因其在预备议会中处于劣势，而着手在巴登南部发动武装起义，但起义很快遭到了镇压。

与在预备议会的情况相同，1848年5月18日，在法兰克福的保罗教堂召开的首届由选举产生的国民议会中，自由派获得多数席位。为了不与旧政权有所瓜葛，他们选择与温和民主派结成同盟。国民议会首先要做的是为自己保留制定未来政治制度的决策权，组建临时中央政府，并任命奥地利大公约翰①为“国家执政”。各君主国均未抵制国民议会这唯一的权力主张；联邦议会则正式将职权过渡给国家执政者并宣告自己的使命终结。

但无论是共和主义者起义的悲惨失败还是革命的制度化，都未能使局势长久稳定下来。突发的抗议行动和由此而生的暴力镇压仍是常态。局势的不稳定带来的结果，首先是持续不断的经济危机，对此更应当承担责任的不再是旧制度，而是“保罗教堂（指国民议会——译者注)”。其次，激进派为实现自己的政治目标而走上街头反抗占多数的自由派的行动，激发出民众空前的同情心。最后，也是最重要的是，新获得的自由促使一切政治和社会活动呈现出几乎爆炸式发展。报纸和杂志如雨后春笋般大量出现，到处是以大字报、传单、小册子、

① 奥地利大公约翰（Erzherzog Johann Von Österreich，1782—1859)：奥地利皇帝弗兰茨二世之弟，因于1829年迎娶一位资产阶级的女儿而被剥夺奥地利皇位继承权。

连环画和讽刺漫画形式扩散的政治观点。所有政治势力都尝试组建类似政党的团体，甚至连保守派也不例外。而利益诉求大相径庭的群体——如手工工匠及其帮工、保护性关税或自由贸易的支持者、天主教徒——因此更紧密地团结在一起，寻找对政府构成影响的机会，组织发起这样的运动。总而言之，一个高度现代化的意见及利益光谱就此形成，其多元性及相互间的矛盾则构成了对试图设计并实现国民议会制度的全新政治秩序的巨大挑战。

民族与革命

毫无疑问，1848 年至 1849 年间最具生命力的观点当属“民族”，即如何尽快在整个欧洲——尤其是在邦国林立，仅仅通过松散联邦形式联合起来的中欧，建立民族国家几乎成为所有政治阵营所采纳的核心政治目标。不仅拥有财产、受过教育的资产阶级寄期望于民族国家，大多数民众同样如此，这个目标因此成为数十年来几乎所有遭政治停滞与压迫阻碍的改革希冀的投射。然而，与民族主义观点相互交织的、对自由和政治参与的承诺，对于广大群众而言并不抽象，它们已具体地融入广大群众的生活世界之中，并将个人经济与社会境遇的希望联系在一起。这期间有 250 万—300 万签名的近 3 万份请愿书如洪水般流入法兰克福国民议会，大批民众直截了当地表达出他们对于建立民族国家的渴望。

这种对于民族统一的渴望是以怎样的方式在政治领域被动员起来的体现在石勒苏益格—荷尔施泰因①问题上。德丹战争激发民众掀起了声势浩大的团结浪潮：建立志愿军团，为组建德意志海军舰队筹集资金——因此远早于威廉二世时代，海军舰队就已经成为德意志重生的核心象征。然而，在这些政治宣传中，同样隐藏着巨大的危险，因为自由民主运动的领导者并未就未来的德意志民族国家应如何融入欧洲提出关键性设想。出于高涨的民族主义情绪以及摆脱假想中的大国威胁的目标，此时德意志联邦中的多数派不仅拒绝了持民族主义观点的少数派提出的自决权要求，而且还试图使联邦之

---

① 石勒苏益格－荷尔施泰因：位于今天德国最北部，与丹麦接壤。荷尔施泰因是一个德意志公国，石勒苏益格则是德丹居民混居、效忠丹麦国王的公国；而按照 1460 年《里本协约》，石荷两公国又永远联合在一起。1815 年，维也纳会议宣布荷尔施泰因为德意志联邦成员，起初丹麦方面希望石勒苏益格与荷尔施泰因分离后并入丹麦，但到了 1848 年 1 月，由于王位更迭，丹麦宣布石荷两公国全部进入丹麦版图，这一声明遭到了两公国大部分民众的反对。

外的德意志人口也加入到新生的国家之中。尽管法兰克福国民议会最后还是回归现实政治，并在小德意志方案上与欧洲强权达成共识——该方案才更能被所接受，但德意志已体现出的大国思想和扩张企图却引起了深刻的误解与抵制。

然而，就在1848年9月普鲁士无条件接受《马尔默停战协定》（Waffenstillstand von Malmö）一事被公之于众之后，由高度的民族主义期望所导致的失望甚至引发了一场反对国民议会的暴动。而从极度紧张的革命形势中渔翁得利的则是反革命势力，他们成功达成共识，动员起对各邦君主（如普鲁士、哈布斯堡王朝以及巴伐利亚）始终存在强烈忠诚的反革命力量，并利用彼此对立的不同国内民族关系，这在哈布斯堡王朝尤其如此。但与此同时，捷克人、斯洛伐克人、克罗地亚人和斯洛文尼亚人并不希望自己作为少数民族被并入一个德意志民族国家或一个匈牙利民族国家，因此他们认为，本民族的未来更应在一个哈布斯堡家族统治下的多民族国家中延续。因此，民族国家观念尽管一方面在1848年至1849年成为革命的核心推动力，但另一方面也揭示出，德意志和欧洲民族原则所带来的问题，对于革命者来说是无法解决的。

宪法

革命的终点是一部宪法。出于这个信念，1848 年至 1849 年革命完全遵循 18 世纪末的法国大革命传统。但这一点直到 1848 年秋天才被认可，当时君主势力的再度壮大迫使革命者将所有的一切都押在立宪这一张牌上。政治制度和权力分配的设计尤为困难，这是因为其中围绕国体和政治共决权的根本分歧与民族问题交织在一起，变得更为复杂。在反扑革命成功之后，新任首相施瓦岑贝格亲王[①]领导下的奥地利政府强硬要求维持哈布斯堡王朝的统治。这一要求既不符合国民议会的民族国家目标，也不契合他们的政治目标。因此国民议会中的两大政治阵营——自由派与民主派在 11 月和 12 月分别分裂为一个大德意志方案和一个小德意志方案。前者坚持认为奥地利的联邦成员资格不得被撤销；而后者的支持者一部分是出于信念，另一部分则是由于缺乏其他合适的选择，但他们均主张建立一个由普鲁士人担任皇帝，不再包括奥地利的新民族国家。

① 施瓦岑贝格亲王（Felix Prinz zu Schwarzenberg，1800—1852）：接替了在 1848 年"维也纳三月革命"中被迫下台的梅特涅，担任奥地利首相。

但直到 1849 年 3 月 27 日，在经过长时间的拉锯之后，国民议会才终于以微弱多数通过了宪法，并于第二天选举弗里德里希·威廉四世为德意志皇帝。这一成果的达成在于，议员们意识到建立共同信念的基础的重要性。其结果是，相比最初的多数派所期望的，这部宪法更为强调民族统一和民主。为此自由派不得不通过与温和左派（指民主派——译者注）全面妥协，尤其是同意男子普选权的引入，以此来换取组建一个在普鲁士领导下的君主立宪国家。

国民议会想要实现其兼顾自由与宪政的议会民主制小德意志民族国家的模式，在当时的时间点上并非最好的时机。一方面，自由派与温和左派在保罗教堂达成的妥协使得由普鲁士国王担任新生民族国家首脑的设想变的极其渺茫。另一方面，与 1848 年秋相比，此时的一批革命者再次变得保守起来。一股广泛的支持浪潮冲击着整个德意志。但无论如何，39 个邦国中的 28 个在 1849 年 4 月 14 日的一份共同照会中，选择站在了国民议会的一边。从短期来看，国民议会采纳了斗争的意见，并将民族主义运动推向了顶峰。5 月 4 日，国民议会要求所有邦国政府和“全体德意志人民”承认宪法生效，并公开宣布 7 月 15 日举行议会选举。

然而这期间，一切却又已经发生了变化。4 月 28 日普鲁士中央政府正式拒绝接受帝位。与此同时否认联邦合法的邦国开始公开反对宪法，与之形成对比的则是大多数公民并不愿意参与暴力抵抗。只有一小部分激进分子为了保护宪法坚持与无处不在的普鲁士军队斗争到底，直至最后以悲惨的失败告终。因此与其他欧洲国家一样，德国的 1848 年至 1849 年革命最终以暴力干预、数百人丧生以及大量的死刑处决告终。

革命的得与失

第一次德意志革命以失败告终。但毫无疑问，1849 年的历史钟摆已不可能再回拨至革命爆发之前。普鲁士在革命期间成为君主立宪国家，这一制度被一直保留下来。农业改革也最终结束。在革命爆发前展现出的改革举措的盛况，1849 年之后不再出现。然而，根本性的变化是，从温和自由派到激进民主派所追求的制度转型却在 1848 年至 1849 年被定格了下来。

第二章

工业时代（1840—1880）

19世纪是工业化的时代，强于这个时代出现的其他根本性变化，如从手工劳动向资本密集过渡、机械化分工的出现、工厂化生产的诞生，令19世纪从过去的各个时代中脱颖而出，又与后来的时代以及我们的当下联系在一起。

尽管工业化在某些地区和部分行业开始于1810年前后，尽管直到这个世纪最后三分之一的时间里——高速工业化时代（Hochindustrialisierung）——工业化才马力全开，全速前进，但中欧工业生产方式取得实质性突破却是在1840年至1880年之间。它以一段长期的持续繁荣为基础，很快就发展为一场革命性的根本变革。这场变革大大超出了经济学意义上的结构转型，它从根本上改变了德意志社会，使得一切社会阶层都服从于新兴工业资本主导下的市场经济以及共同的自由主义法律体系。而在德意志，这一变化还增添了其他新的内涵：民族国家的观念被作为一项制度性原则在整个中欧国家中加以实践，并诞生了普鲁士领导下的小德意志民族国家。

工业与市场经济

首先要谈的是铁路，这样可以从共性出发叙述德国的工业化进程。尽管最初的工业化先驱可以追溯到 18 世纪，而工业化的发端始于 19 世纪，但现代中欧工业经济真正取得突破性发展则是始于 19 世纪 40 年代的铁路建设。因此铁路在工业化取得成功的过程中扮演的角色尤为关键。但由于铁路并非出自德国，而是在英国发展起来的，因此需要强调的是，在德意志，工业化是舶来的，而非从当地发展起来的。

那么 19 世纪 40 年代还有哪些变化？一方面，1846 年至 1847 年再度爆发了导致德国遭遇极为严重社会贫困的典型农业危机，并且从 1845 年开始登记在册的向外移民人口数持续刷新纪录；另一方面，40 年代中期的经济增长也面临着极大的冲击，以至于从1847年开始就可以观察到首次现代意义上的经济危机，随处可见的动乱则进一步加剧了这场危机。但在这些危机之下，尤其是在1854年至1856年克里米亚战争①影响下，德意志各邦虽未参战，却从战争需求中获益良多，从而迎来一场轰轰烈烈的经济繁荣，经济的发展动力令其他一切同时代事物相形见绌。但这一轮经济发展终结于1857年的第一次世界经济大危机，所有工业国家的经济增长就此被打断。

紧接着这场严重危机之后，19世纪60年代德国又重新进入一段长时期的经济繁荣，这期间工业经济持续高速扩张，但其发展势头相对过去则较为缓和，但更持久。这是因为首先必须要消耗过度产能，其次美国爆发的南北战争以及1864年至1866年的战争②也起到一定抑制经济增长的作用。1866年之后，经济增长以所谓的“建国繁荣”的势态进一步加速，在经历了

---

① 克里米亚战争：俄罗斯为扩大其在欧洲的势力而与日趋衰落的奥斯曼土耳其帝国之间爆发的第九次战争。由于最重要的战役发生克里米亚半岛，因此称为“克里米亚战争”。这场战争也是人类历史上首次现代化战争。

② 1864年至1866年战争指德意志统一进程中三次王朝战争中的前两次：德丹战争（1864）和普奥战争（1866）。

1870 年至 1871 年的德法战争导致的短暂停滞后，转入一个过度发展的最后阶段。德意志民族统一、自由主义导向的经济改革、凭借德法战争而扩大的资本市场，以及一种盲目的进步乐观主义再度推动了一轮同时伴随过热金融投机的投资与经济增长。肇因于 1873 年 5 月维也纳爆发的股票危机，随后又因全世界范围内种种经济危机的进一步强化，“建国繁荣”最终于 1873 年秋告一段落。

建国危机的爆发使得德国经济发展在此后的近 20 年里始终处于一种速度较慢的发展状态，相比前一个阶段，实际经济增长率明显下降了两个百分点。尽管对这一较长时间段经常被冠以“大萧条时期”并不合适，但伴随着建国危机，德国工业革命的辉煌阶段最终结束。

因此，经济发展过程、高经济增长率以及周期性经济好转，取代了自然现象、政治因素，尤其是战争引发危机的周期性经济波动都已表明，一场深刻的结构性转型席卷了从 40 年代中期到 70 年代中期的整个德意志经济，这可以从产业部门——农业、工业与手工业，以及以贸易和交通为代表的第三产业——的结构调整中得到确认。尽管三个产业在绝对数据上均呈现增长态势，经济增长完全带动了农业的发展；但其发展重点则有所变化，尤其是在第一和第二产业之间。因此 1871 年农业在国内生产总值中的占比首次低于 50%。

正如前文已经提到的，作为德国工业化进程的核心标志，铁路扮演着领导者的角色。早在英国第一波工业化兴起之初，就出现了一个能带动其他行业的先导行业——纺织业。它是推动蒸汽机、纺纱机、自动织布机或金属加工及机械制造的关键性因素，并使英国在 18 世纪晚期开始实现经济起飞。而在 19 世纪 40 年代的德国，同样的角色则由铁路建设承担下来，流入这一行业的资金直到 19 世纪 70 年代前占国民经济总投资的 20%–30%，70 年代之后则始终维持在 15%–20%。相比欧洲其他国家，德国的铁路线网增长也十分迅速，1840 年至 1850 年间其里程数从 462 公里增至 5875 公里，扩容超过十倍，并在之后的二十年再度以每十年递增一倍的速度增长。

铁路建设和运营极大地促进了矿山开采业、钢铁锻造业以及机械制造业的发展。对其中任何一个行业而言，铁路都是他们的核心客户。矿山开采业既可以从大量消耗煤炭的火车头中直接获取利润，又可以通过钢铁厂的生产消耗赚取间接利润，后者超过半数的产品供应给铁路建设。而这种飞速扩大的需求要求注入大量的资金，尤其对于鲁尔地区而言，向高技术要求的煤炭开采转型是大势所趋。铁路需求与技术创新的相互作用是如何反复而迅速地发挥作用，可以从以下数据中看出来：在炼铁业中，开始逐步取代木炭投入使用的焦炭，1850年时所占的份额为25%，而到了1853年这一份额已达到了63%。

情况类似的还有机械制造业。这个行业的发展或直接得益于火车头和车厢的生产需要，或间接得益于采矿业及钢铁工业对于蒸汽机及其他机械设备的需求，它的发展之所以对德国工业起到推动作用，关键在于它成功地以自主生产取代了最初占主导地位的进口。德国起初大多数的铁轨、火车头和车厢均舶来自英国，例如1843年德国铁路上运营的火车头，还有88%来自国外；而仅仅七年之后，已有三分之二的机车头出自德国制造商之手，例如柏林的博尔西希（Borsig），卡尔斯鲁厄（Karlsruhe）的克斯勒（Kassler），卡塞尔（Kassel）的亨舍尔（Henschel）或慕尼黑的马费（Maffei）。而当19世纪50年代行将结束之际，则更是有数量相当可观的产品可供出口。

随着铁路线网的不断扩大，所谓上下游行业的联动效应也加入由铁路行业需求形成的推动力之中。快速下降的运输成本为煤矿业在当时仍由英国供煤的北部和中部德意志地区打开销售市场提供了可能。对于其他行业而言，如纺织业，其市场同样有所扩展，销售机遇亦有显著改善；反过来，从19世纪50年代起，在铁路投建之初尚不值一提的物流行业的发展推动了铁路线网的顺利扩张。在70年代，仅煤炭业累积运输量增长就占普鲁士全部货运量近三分之一。

铁路业与冶金业的繁荣之所以能紧密相连，也得益于银行体系的发展。首先，由于德国铁路主要由私人建造和运营，所要筹集的资金是一个未知数。因此从19世纪40年代开始，股份公司开始采取一种全新的资金支持和管理方式。由于汉堡和法兰克福的银行凭借着贸易投资和国家财政借贷而生意兴隆，长期以来对工业投资十分克制，如此为其他地区（如科隆、柏林、莱比锡和布雷斯劳）富于冒险精神的私人银行家提供了机遇。这些人成为这方面的投资行家，并建立其日后服务于工业投资的关系网。同时也因为矿山和重工业日益增长的生产技术投入所产生的巨额花费使得这些行业对于资本的需求迅速攀升，这一需求已无法像许多其他行业那样可通过自筹资金的方式得以满足。但无论是投入资本，还是发放贷款，都无可避免地与银行发生关联，而这些行业对于资金的要求常常超出了私人银行的能力范围。由此从19世纪50年代开始，尤其是在1870年实现股权自由化之后，真正掀起了一股成立股份制银行的浪潮，大量的股份制银行如德意志银行（Deutsche Bank）和商业银行（Commerz Bank）应运而生，随后它们接手了大型工业企业的所有贷款业务。

由此可以确定，工业革命在德国取得成功得益于由铁路、重工业、煤矿业和机械制造业组成的“领军行业”的推动，工业革命也因此烙上了它们的印记。与之形成对比的则是其他工业行业——尤其是轻工业，虽然繁荣进展却相对缓慢。一直到1855年之后，由于实际工资的上涨及随之而来的大众购买力的提高，劳动力匮乏的问题得到显著缓解，轻工业才从中获益。

纺织业作为轻工业中的主要行业，则表现出一种截然不同的强劲发展模式，它在19世纪70年代对于劳动力的需求甚至明显高于矿冶业。一系列重要的技术创新被引入这一行业，越来越多的工厂采取与手工家庭作坊针锋相对的工业化大生产方式，行业生产力得到有力提升；同时它对于交通革命的根本性影响亦不容忽视，交通运输业正是从棉纺织工业的崛起与亚麻织造业的衰落以及同期地区贸易的繁荣中获益匪浅。尽管如此，不同于英国的情况，纺织业并未对整个德国工业化进程构成辐射性的推动作用。

从某种意义上来说，农业的情况也与轻工业类似。但无论如何直到1870年前后仍有近一半的德国人从事农业生产，因此相对于工业，农业在国民经济中的重要性有所下降；但就其本身而言，1850年至1860年间是农业经济实现绝对强劲增长的时期。此外，明显上涨的农作物价格有助于产量的提高——按照作物品种的不同分别达到50%—100%。过去农业产量提高主要通过扩大耕种面积的粗放式经营方式实现，而要对土地进行集约利用，则应采取种植环境适应性更强的土豆和甜菜以取代种植粮食作物的方式。为了弥补土壤自然肥力不足的缺陷，从19世纪60年代起人工肥料开始投入使用，机械化耕种则一直到帝国时代都未能扮演起重要角色。相比农业，畜牧业的产量增长更快。肉制品和奶制品的产量提高，不仅满足了日益增长的城市人口的饮食需要，社会各阶层的营养状况也由此得到逐步改善。

重要区域中心的形成也与深受重工业影响的德国工业革命密切相关。由于工业化早期的企业大多数脱胎于城市作坊，且与贸易、商业投资关系紧密。这些企业主要对农业产品进行加工，并随着人口的增加扩大相应扩大生产规模；此外，棉麻织造、酿酒、榨油、烟草及制糖工厂的情况也类似。尽管在诸如萨克森和莱茵兰已确立起以某一行业（例如纺织业和机械制造业）为发展重心，但这些行业却仍以区域为单位广泛发展。而1845年以来随着由重工业带起的经济繁荣首先发展起来的，是有煤矿及钢铁工业的地区，诸如鲁尔地区、萨尔地区以及上西里西亚。只有机械制造业的分布相对广泛，例如机车制造常常位于大中型邦国的首府城市。

由这些区域中心的形成所产生的政治影响也是显而易见的。它们是1850年至1870年普鲁士迎来超越奥地利的经济发展机遇的基础，从而使得由其领导一个小德意志国家的方案成为可能。对此英国著名经济学家约翰·梅纳德·凯恩斯（John Maynard Keynes，1883—1946）曾化用俾斯麦脍炙人口的名言："德意志帝国与其说是建立在铁和血上，不如说是建立在煤和铁上。"

完全不能低估的还有各个邦国之于德意志工业革命的意义，即经济转型的关键取决于由各邦制定的框架条件，虽然同样不能忽略汉斯-维尔纳·哈恩有关"邦国大事并不决定德国工业化进程"的论断。一个重要的转折是1848年至1849年革命。尽管作为反对力量的资产阶级自由派试图通过革命改变政治体制，但解放农奴事件的结束及农业产业现代化升级的完成，为工业化进程奠定了一个有所改善的基础。除此之外，许多邦国政府出于对革命反抗活动的深刻印象而加强了经济方面的安排，越来越多地贯彻一种自由主义导向的经济政策方针。1851 年，自从改革时期以来就走在德意志前列的普鲁士引入一部自由主义导向的《矿山法》，煤矿开采的大发展才得以实现。进入 19 世纪 60 年代之后，十多年来迫于手工业者压力始终犹疑不决的南德意志诸邦才开始追随普鲁士的脚步——引入商业自由。就这一点来说，1849 年之后，围绕着邦国从事商业活动的市民阶层之间不再像“三月革命前时期”那样对立紧张；相反，邦国希望市民阶层的力量更多的致力于经济现代化进程。

在 1848 年至 1849 年之后的岁月中，普鲁士及其他德意志邦国经济自由消极的方面表现为国家尚未准备好介入劳资关系来解决社会问题。尽管结构变迁和工业发展所产生的社会负担被推给了城市和乡镇，但劳动保护立法从根本上来说仍是禁止使用童工及与之相关的规定。但另一方面，自由主义导向的政策却又很早——在 1869 年北德意志联盟制定的商业条例中——便批准了结社自由，这条法规推动了德国工会的最初形成。

同样重要的还包括由 1834 年德意志关税同盟

（Deutscher Zollverein）成立而拉开序幕的小德意志经济区，它伴随铁路建设的高速发展而进展神速，尤其是在19世纪50和60年代，当所有经济部门都被纳入市场体系后，越来越强烈地趋向于统一的民族市场。这一民族市场因此成为经济增长的首要推动力，尤其是紧随关税统一之后大量经济法上的统一举措，采取共同的标准和统计方法等。虽然关税同盟与南德意志各邦、奥地利以及瑞士、法国的商品交换一如既往地不断攀升，但从中长时段来看，普鲁士已经在同盟内部取得了经济上的民族国家领导地位。

因此在革命结束后的20年里，普鲁士与奥地利在关税政策上的交锋始终激烈。其结果是普鲁士不仅成功地使关税同盟反对一切来自奥地利的敌对行动，并因此继续将后者排除在同盟之外；还通过了一系列贸易协定（尤其是60年代与法国签订的那些），使关税同盟成为中西欧大型自由贸易区的一部分，而将奥地利排斥在外，一如后来将其排除出国家统一的行列一般。

通向阶级社会之路

工业经济的成功也从根本上改变了德意志社会，正是这场席卷所有生活领域的彻底变革突显出“工业革命”这一概念的意义。但更确切地说，社会变迁相对复杂，也难以分析。如果只是从个案出发进行观察，根本无法辨识出哪些变化与工业化同步发生，哪些是为工业化所强化或推动，哪些实际上是被消解了。

首先是从等级社会转向市民社会的长时段变迁。这一变化早在 18 世纪晚期就已经出现，并跨越了整个 19 世纪。因此，毫无疑问这一转变过程并非是工业化的结果，相反，它构成了工业化产生的基本前提，例如人口和资本的流动。从这个意义上来说，1840 年至 1860 年间出现的大量社会变动并非全然是这个时代的新生事物，而是在此之前便已启动的发展的延续，且部分发展的速度还有所加快。

其次，随着观察的深入可以发现，尽管这种向市民社会的过渡表面上具有连续性，但还是出现了种种构成指引新发展风向标的特征，它们指明了社会变迁的方向与目标，即开始具备新内容的市民社会。

最后，在整个中欧范围内，尤其是在农业地区，则一如既往地很少或几乎没有受到工业革命的巨大冲击。

对于长时段变迁而言，人口增长是典型变化。特别是 1850 年之后，人口增长虽有轻微下降趋势，但仍基本维持现状，且尚未发现生育形势有根本性变化。也就是说，即使是在19世纪中叶的工业化浪潮推动下，前工业化时代伴随高出生率和高死亡率并存的人口结构并未发生改变，当时的人口增长仍取决于更大的出生数量。生育形势直到1870年之后才发生转变，医疗、卫生等条件的改善首先降低了死亡率；但与此同时，由于这期间出生率的降低使得这一转变产生的作用被全面推迟，直到1900年前后才真正实现人口增长。而在之后的数十年中出现了出生人口的过度增长，人口数量暴增。

同时人口外迁的压力持续攀升，从中可以清晰地发现就业人口的结构性短缺——“三月革命前时期”的贫困现象，以及大众赤贫化的不断蔓延。这一情况仅在19世纪中叶小有改观，但更贴切的说法是，在19世纪50年代及60年代中后期，德意志人口外流达到了绝对的峰值，这一人口外流率高的现象随后在80年代再次上演。在这些年份中，每年有超过10万人离开德意志诸邦，在最高峰的1854年甚至有将近25万人背井离乡。从1820年至1913年外流人口总计达到540万人，其中有近90%的移民选择美国作为迁移目的地。

从19世纪中叶起，与人口外迁同步发生的还有国内人口流动数量的显著增长，但由于缺乏统计数据很难切实把握其总数。但可以肯定的是，这一“国内”迁移的形式与路径多种多样，并与1840年之前的情形有所区别：当时人口主要向普鲁士东部的农业地区输入，而现在则越来越集中在从东往西——亦即从农业地区向工业发达地区流动。

国内人口强势流动最重要的标志是不断加速的城市化进程，但从整个19世纪的发展全局来看，它尚不能与高速工业化的发展动力相提并论。无论如何普鲁士的城市人口比重在1849年至1971年间从28.1%攀升至32.5%；1830年，在德意志帝国领土上，居民人口超过1万的城市有80座，而到1871年时已经达到了220座。诚然，工业化进程的加速构成了城市发展的一项重要因素，但依照城市类型来看，贸易城市以及承担核心行政管理职能的城市（尤其是各邦首府）仍扮演着举足轻重的角色。而借由新兴的铁路网络构成的良好连通性则始终是人口快速增长的影响因素。

起初城市面对伴随人口增长而来的多方挑战束手无策，这在像鲁尔地区那些从乡村发展起来的新兴工业城市中表现得尤为突出；而在传统城市中同样可以观察到人口迁移所带来的后果，特别是在公共卫生与社会问题丛生的老城区，人口密度极高，住房紧张的问题日益突出。但同时，旨在解决这些难题并对通常因私人投机而造成城市“野蛮生长”施以有效干预的地方行政机关与公共设施的建设却又十分缓慢。“城市治理”在19世纪五六十年代还处于初创阶段，之后才出现了全面突破。最早可以追溯至20年代的煤气灯和煤气供应，在1870年前后几乎已完全覆盖所有大中城市。从50年代开始，为了应对霍乱和较大规模的火灾事故，各城市逐步建起了排污系统和公共供水系统。此后还出现了垃圾运输、城市公墓、地方屠宰场，以及以马车轨道为形式的短途公共交通的首次尝试。

在19世纪五六十年代，城市中首先出现的长时段，可能也是最重要的社会结构变化，表现为：一方面是以工业为基础的市民阶层的地位的提升；一方面则是被定义为从事工业生产的工人阶级的产生。

这一经济上的领袖阶层数量总体上增长迅猛，但仍然是人数不多的少数人群体，尽管商人、银行家以及工场主始终属于这个阶层，但相比19世纪上半叶，领袖阶层的重心越来越倾向于工业企业家。但在许多1850年之后的例子中，与其说他们是技师或手工业者，不如说是出身商界的人。正是因为这种特殊的吸引力，当时的人们将视线投向了那些不仅凭借着自己的成功——通常是在重工业领域——获取财富，更因此扶摇直上站在社会等级顶端的企业家。毫无疑问，其中最著名也最极端的例子当属阿尔弗雷德·克虏伯(Alfred Krupp，1812—1887)。出生于埃森一个商人家庭的克虏伯在70年代初将自己位于工厂区的住所（早期企业家大多居住在厂区内）迁入雄伟壮观的许格尔别墅（Villa Hügel)。

但整个市民阶层的发展在五六十年代尚未开始，市民阶层并不等同于“布尔乔亚”[①]。从强势经济增长中获益的一定是范围广泛并拥有实业的市民群体——中小企业主、从事任何买卖的商人以及传统行业如客栈和啤酒作坊老板，此外还有少数手工业者——这些人并不仅仅聚集在较大的城市中。尽管工业企业的发展势头不容小觑，但这些拥有实业的市民阶层凭借工作和收入获得稳定的经济保障，从而实现了在其小团体内部的流动。

---

① “布尔乔亚（Bourgeoisie)”：来源于法语，即上文中已经提到从事工业生产的市民阶层。汉斯-乌利希·韦勒对此有极为明确的归纳：布尔乔亚是拥有自由工业资本、经营交通业的企业主；与之对应的则是前一章已经提到而下文即将展开的“受过教育的市民阶层”，其核心群体是经过国家培训或拥有国家职业资质的知识分子和公务员。

而第二类市民类型——受过教育的市民阶层，则继续处于扩张的进程之中，但这一群体的人数则更为稀少。就普鲁士来说，1850 年前后知识分子只占到所有职业人数的 0.3%。此外，其内部的差异也在逐步增大。这不仅表现在对于当时的人而言，作为国家公职人员的公务员是否属于市民始终还存在争议；而且不同专属职业的市场定位发展千差万别，使得要归纳学术教育的共同特征相比就业机会、活动空间及收入仍有很大差距。总的来说，相对于从事工业生产的市民阶层，受过教育的市民阶层的收入较低，同时他们也失去了对社会的影响力。

而在多数经营手工业和贸易领域的中小市民阶层中，在三月革命因行业分支以及个人经营成果而形成的差异同样在扩大。手工劳动行业所面临的普遍危机刷新了它的峰值。但由于穷困潦倒的手工工匠和学徒在工业领域谋取一份收入的机会不断增加，因此当南德意志各邦在 60 年代前半期终于转向支持商业自由时，来自手工业者团体的抵抗还十分微弱。而绝大多数的手工业者和小贸易商的收入水平与“令人满意”相去甚远，也不足以满足资产阶级式的生活方式。这也意味着：虽然形式上依然保持经济独立，但大多数的中间阶层相比中等层次或上升中的市民阶层，他们在生活方式上更接近于依靠工资生活的底层民众。

因此，在贯彻工业化和市场经济的过程中，所有各类市民群体均表现出加速差异化和碎片化的状况，由此构成了一种巨大的多样性，它首先是由职业和经济地位造成的，但同样也是由收入、教育以及其他生活处境所区分出的资产阶级造成的。与之形成对比的是，最重要的融合要素失去了它原有的功能，不再使整个德意志民族团结起来，而只是团结起市民阶层中的一部分人。

这一部分人是传统意义上由公民权利定义的“城市市民”。早在三月革命前，削弱公民权中政治权利（尤其是地方官员及委员会的选举与被选举权）的进程就已经开始，最终在60年代，几乎所有的德意志邦均完成了向商业自由及重新界定法律诉讼援助权的过渡。在后一个问题上，法律诉讼保障不再由原籍，而是由居住地市镇政府负责提供。和过去一样，城市凭借一个共同生活与行动的空间所促成的一种明确团结意识并未被排斥在外，因此，一种依托与传统市民政治传统相连的政治共决权及为城市共同体承担特殊责任的“公民”观念也被鲜活地保留下来。

当然在多数情况下，全体市镇居民在经济活动及社会福利保障方面从公民权的每一次拓展中能够获取更多平等权利，他们的参政权与之相比可谓天差地别，极为有限。首先，选举权通过人口普查（Zensus）[①]被加以严格限制；或者尽管实现普选，但由于选民按照纳税额划分等级而导致选票分层严重——这一情况首先出现在实行三级选举法的巴登和莱茵地区——从而对团结市民群体构成了沉重的打击。实际上拥有完整权利的公民也因此被缩小为一个仅凭收入和财产获得政治权利的少数群体。

类似的发展趋势也体现在社会团体之中。虽然社团以其不断改善的形式一路高歌猛进，之后更是被所有社会阶层所接纳，以便将各自的利益和千差万变的活动组织起来。但社团本身的社会融合作用相比三月革命前有了明显退步。社团越来越成为城市社会中起初按职业，之后也根据教派或政见聚集起来的小团体。即便社团并不以个人为单位相互联结，但在结社的过程中，市民阶层的分裂也在不断地加剧。

从19世纪中叶开始，市民阶层的文化生活也相应

---

① 当时的人口普查与今天普遍意义上的人口普查有所不同。在19世纪的德意志，特别是在城市中，主要是指以财产为基础对政治上拥有“公民权”的居民的人口调查。

发生着瞩目的变化。过去很重要的一点是通过公众与艺术家之间无障碍的沟通构成共同的艺术体验，特别是在剧场中聚集起社会成分极为广泛的观众圈子。之后越来越占主导地位的则是小部分上层市民在社会交往中的自我表现欲：对于艺术技能的要求开始提高，公众与艺术家之间的距离在扩大，有关日益神圣化的文化及美学鉴赏力的知识在社会上成了高雅的标志。

因此，在19世纪最后二十五年里，市民阶层已被狭义定义为由拥有财产和受过教育的人士组成的社会阶层所构成的小群体（或可称为“资产阶级”——译者注），他们与当时被称为“小市民阶层”的中小工商业者的对比日益明显。后者尽管自视为“资产者”，但所受的教育或拥有的财产，都无法为其提供一种支撑资产阶级生活方式的充分手段与足够资金。与之相反的是，对三月革命前广泛被接受的“市民”概念的使用，则越来越成为纯粹受意识形态而引发的一种迷失的社会现象。

而在这个直到19世纪中叶为止变得日益斑斓的社会阶层的最底部，形成了一个在生活条件各方面完全无差别的贫困底层，但如果按佣仆、学徒、帮工或日薪工人的职业分类来看，其内部依然存在极大的差异。这一群体随着五六十年代工业化的推进而表现出根本性的变化。大量人口不再与等级社会相连，而是受自身劳动力自由商品化的支配，工人阶级由此开始发展壮大，他们在共同利益和经历基础上形成了共同体的意识及集体行动的能力。这一新兴阶级的核心是在高度集中化的大型工业企业、矿山以及铁路工作的工人无产阶级。1850年前后，工人还是所有工商业从业人口中的少数；但到1875年为止，人数翻了三倍，达到约200万人，并成为占到从业人口三分之一的最主要群体；而到1900年前后，这一人数占比更是增至60%以上。当然产业工人也并非完全是一个均质的群体。不同的籍贯和职业出身，例如过去的农业工人和工匠师傅、普通工匠之间存在着差异；不同行业的员工结构，尤其是在高度专门化的钢铁制造业内部也存在巨大差距，在未接受训练的劳动者与专业人员之间的薪酬跨度多至六倍；最终劳动者内部极高的人员流动性构成通往阶级团结道路上的巨大障碍。

然而也正是在产业工人中间，于尔根·科卡所说的“雇佣劳动的胜利”表现得最为明显。同时，严苛的工厂纪律不仅逐步在全国遍地开花，后来甚至成为由国家批准的工厂条例而被法制化，从而对雇佣劳动者整体构成影响。

无产者家庭则在其中扮演着另一种重要的角色，正如首先在莱比锡工人阶级中所表现出来的那样。19世纪上半叶，大多数底层民众没有能力或很晚才能婚配嫁娶——当然这也是出于法律上的限制；但随着工业革命的推进，底层民众结婚率迅速攀升。在工人家庭里，无产阶级的生活方式得以固化，新生儿成为“天生的无产阶级”，社会环境也以一种减少与中小资产阶级联系的方式稳定了下来。

工人阶级的物质生活条件在19世纪五六十年代得到了改善，很能说明问题的一点是“贫困化（Pauperismus）”一词在70年代被彻底弃用。工作机会在增加，失业人数在减少；实际工资也提高了，特别在60年代之后，尽管工人阶级的生活依然窘迫，但相比其他行业的工资来说，满足一个家庭果腹的需求仍绰绰有余。在1850年前后每周常常有超过85小时的工作时间，至1873年时下降至72小时，到1900年前后慢慢减少至60小时——这也是因为实现了集约化劳动。但另一方面，缺乏避免疾病、伤残、失业和老年贫困等生存危机的保障机制依然是和工人生存联系在一起的标志。

当然，产业工人所扮演的无产阶级先锋角色并不意味着他们在政治上作为一个整体在塑造工人阶级方面发挥着积极的主导作用。确切来说，在这方面，除了个别工人群体如印刷工人或烟草工人，首先是具有社团组织经验、强烈反对贫无立锥般生存方式的手工工匠们，这些人成了早期工人运动最重要的储备力量。

无论是将目光投向资产阶级还是工人阶级，阶级的形成无疑都是一个极其漫长的过程。它在工业经济增长的阶段明显加速，且一直到 19 世纪末还在继续前进，没有停止的迹象。在这一进程中还遭遇了多种多样的阻碍与抵制。例如像贵族这样的社会群体，他们也像其他群体一样成功地融入全新的经济与社会准则之中：有一些是法律上做出了规定，但实际上更多的情况则是他们保住了自己在宫廷、军队和一些国家职位上所受到的优待，而这是与其在过去等级制社会中的领导地位密切相关的。

这种类似等级制的自我认同也在城乡差异中得到体现，阶级尤其是一种城市现象。但可以明确的是，资本主义市场经济同样在农村得以广泛传播，这是直到 19 世纪中叶大多数业已完成的农业改革所期望达成的目标。领主土地所有制转变为土地租赁制。多数贵族摇身一变成为农场主以维持生计；自耕农和依靠工资生存的农业工人之间的差距变得越来越突出。但完全自由的雇佣劳动趋势在农村仅是缓慢铺开，许多农业工人同时也是贫农，特别是在易北河以东的田庄经济中，在雇工和长工中还保留着类似封建性质的劳动形式。农村因此对城市工人阶级构成了反作用，特别是在德国南部，大量工人开始从事与农业相关的副业生产。除此之外，地方传统、宗族关系以及乡村社会关系的亲近与隔离，常常也会影响一种清晰的阶级的形成。

向阶级社会的过渡还遭遇了因宗教信仰及教派分立而出现的各种延迟、打击和破坏，这也同样出现在农村。尽管 19 世纪被打上了继续推进世俗化的印记，并从世纪中叶开始，新教城市还明显受到去基督教化思潮的影响，但教会却依然能在更广大的地区与不同的社会群体中巩固自己的宗教信仰和教派团结。这一点尤其表现在天主教教会及其信众所采取的“文化斗争（Kulturkampf）”之中，“文化斗争”自 19 世纪 60 年代在德意志部分地区率先启动，至帝国建立后向普鲁士乃至整个德国扩展。天主教徒们团结在它们的教会周围，组织起各类天主教协会，甚至随后还成立了自己的党派——中央党（Zentrum）。对于天主教徒而言，因此直到 19 世纪末为止，资产阶级或者无产阶级的阶级导向变得无足轻重。另一个阻碍阶级形成的例子则是作为少数民族的犹太人。尽管他们在60年代便已取得了完全合法的平等地位，但出于宗教、社会以及后来出现的种族歧视等原因，犹太人想要大规模融入各个社会阶层仍时常遭到拒绝。

尽管通向阶级社会的道路上充满了不确定、差异和阻力，但这一变革过程中的基本创新之处仍被当时的人如实记录和描绘出来。在所有社会学分析和政治学定义中，有两种解释尤其引人注目。一种以功利主义为标志的观点在19世纪五六十年代受到相当大的重视。“我们生活在一个物质利益为上的时代”，一位在革命期间加入民主派的符腾堡作家约翰内斯·舍尔（Johannes Scherr，1817—1886）在1858年这样写道：“冷酷无情的现实主义统治着世界。……资本统领着从国王到工厂奴隶的一切社会阶级。”另一种解释是，在资产阶级圈子中对社会不平等的强调变得越来越普遍：“资产阶级社会的全部是阶级法则。”这在海因里希·冯·特赖奇克[①]从60年代中期起开设的有关政治学讲座上则几乎是绝

① 海因里希·冯·特赖奇克（Heinrich von Treitschke，1834—1896）：具有强烈民族主义倾向的历史学家。其名言“犹太人是我们的不幸”，后为纳粹政权的宣传机器所用。

对真理。

而一部分被视为传统“三月革命前时期”的自由派人士此时被当成不存在阶级的市民社会的旧榜样，并承担着由此产生的政治后果。这正是约翰·卡斯帕尔·布伦奇利[①] 1857 年至 1858 年在《国家词典》(*Staatswörterbuch*)中所指出的法兰克福国民议会资产阶级自由派在政策制定上的关键性缺陷：人们将自己“认同为民族国家”，却忘记那些身处第三等级之下的大众。当然这种批评并未对资产阶级要求分享国家权力产生影响，但当时这一诉求仅仅被用于证明资产阶级在所有社会领域扮演“文明与文化利益天然代理人”的关键角色，以及在加速工业化的进程中引人注目的经济发展实力。

成为民族国家

随着 1848 年至 1849 年革命中自下而上建立民族国家的尝试遭遇失败，德意志联邦在革命前所执行的那套秩序卷土重来。1850 年 9 月 2 日，联邦议会在法兰克福重新召开，在它的领导和协调之下，所有的德意志邦

---

① 约翰·卡斯帕尔·布伦奇利（Johann Caspar Blutschli，1808—1881）：瑞士法学家、政治家。

国掀起了一股镇压民族运动的反动浪潮。1851 年 8 月 23 日国民议会颁布的宪法被正式取缔；联邦议会设立了一个“反动委员会（Reaktionsausschuss）”监督各邦修正在革命时期对宪法所做的自由主义改动；随后 1854 年 7 月颁布了旨在对媒体进行审查的框架法规——当然并没回到三月前时期的预审查，并对所有政治性结社、集会发出禁令，尤其是严禁一切跨越各邦边境的政治活动。欧洲中部因各国短暂复辟而来的政治死寂，其背后则是大批政治流亡者穿越欧洲的流动。

但仅从表面来看，革命前的社会秩序得以被重建。事实上，一面是联邦成员各邦并未达成一种持之以恒的稳定共识，在很多问题上这些成员仍坚持捍卫本邦的主权。首先自然是试图应对并未因革命失败而烟消云散的民族主义与自由主义挑战的两大德意志强权，它们置身德意志联邦的现有体系之外。

奥地利提出了施瓦岑贝格方案，以应对法兰克福国民议会早期大力推动的大德意志民族国家方案。该方案是以一部统一宪法，将整个奥地利版图纳入德意志联邦，及建立一个中欧关税同盟，帮助哈布斯堡王朝实现国家统一，宣示其在中欧的领导地位，同时瓦解德意志民族主义运动这个威胁多民族国家的危险。尽管这一方案有所修正，但完全是三月革命前反动政策的延续，并无创新。而它失败的首要原因则是来自其他欧洲列强的抗议，后者认为，在中欧成立一个拥有700万人口的大帝国是对在维也纳和会建立起来的欧洲均势体系的威胁。

相反，普鲁士则从1849年5月起试图从自己的利益出发，继续推进国民议会提出的小德意志方案。这一由法兰克福国民议会制定的宪法应当遵循在普鲁士领导下的一个德意志民族国家原则，从保守主义的角度进行修改，不再是由行使主权的国民议会，而是由一个邦君联盟[①]作出决策。然而，此时实力恢复的奥地利成功促使最重要的几个德意志中等邦国逐步倒向奥方；而就在1850年11月初普奥冲突激化几乎滑向战争边缘之际，奥地利在俄罗斯的支持下，通过《奥尔米茨条约》(Olmütz Vertrag）迫使普鲁士接受其联盟方案。

首先得到中等邦国支持且唯一具有现实可行性的替代方案是对联邦进行广泛改革，通过设立新的机构和职能，开启一种朝向联邦国家发展的可能。具体来

① 邦君联盟：由普鲁士从小德意志方案出发，于1850年春建立与奥地利针锋相对的埃尔福特联盟（Erfurter Union)。但随着11月初普奥矛盾升级，普鲁士最终迫于压力宣布臣服于奥地利（亦即后文提到的《奥尔米茨条约》)，该联盟于1851年夏正式解散，德意志联邦遂重新恢复。

说在 1850 年 11 月至 1851 年 5 月于德累斯顿召开的德意志联邦成员大会上作出如下考虑：计划拓展联邦的执行机构，任命一个由各邦议员组成的人民议会（Volksvertretung），建立联邦法院，此外还包括实施一系列旨在统一法律及经济条款的措施。但这一改革一如既往地因各种利益冲突及普奥竞争而遭到排斥。对于普鲁士而言，1851 年 5 月被迫向始终由奥地利占据主导的联邦议会作出让步是一次惨败。普鲁士也在一定程度上获得了补偿，它不仅拒绝了奥地利提出的关税方案，还凭借 1851 年 9 月汉诺威的加入，增强了由其领导的德意志关税同盟的实力。

德意志各邦重新在联邦内展开的合作相当脆弱，首先体现在 1854 年至 1856 年的克里米亚战争中。英法两国的军事介入帮助奥斯曼帝国遏制俄国在多瑙公国摩尔多瓦和瓦拉几亚[①]的扩张企图。而当奥地利加入西方阵营并试图让联邦一同卷入冲突时，普鲁士则在犹豫之后坚定了中立的立场，此举进一步加深了普奥之间的对立关系。但更重要的是，即使这场战争及 1856 年 3 月召开的宣布俄国战败的巴黎和会（Pariser Frieden），虽然没有完全摧毁根据维也纳和会建立起来的欧洲权力体

① 摩尔多瓦和瓦拉几亚当时处于奥斯曼土耳其控制下。

系，却也对其构成了持续伤害：三个保守的东方强权国家间的盟友关系被完全打破，奥俄关系遭到持续破坏，沙皇俄国被进一步削弱。

除此之外，由于英俄这两个地缘上位于欧洲两翼的大国在世界政策上相互对立，因此在很长时间里注意力都并未集中在欧洲大陆。由此产生的权力空白首先被拿破仑三世（Napoleon III，1808—1873）治下的法国所试图利用，以此为本国谋取政治利益。根本性转折的机会出现在意大利半岛。与法国结盟的撒丁－皮蒙埃特王国（Sardinien-Piemont）于 1859 年发起了一场针对奥地利的战争，后者在两次遭遇法国－皮蒙埃特联军的毁灭性打击之下不得不退出伦巴第，仅保住威尼托①。皮蒙埃特首相加富尔②连同意大利民族主义运动虽并不见容于法国，但却由此串联起中部和南部意大利的类似运动，而这场运动的终点则是 1861 年 3 月意大利王国的成立。意大利民族国家建立的过程及结果在很多方面反作用于德意志。

---

① 威尼托（Venetien）：即意大利北部的威尼托大区，意大利语作“Veneto”，首府为威尼斯。

② 加富尔（Cavour，1810—1861）：加富尔伯爵（Coute di Cavour），本名卡米洛·奔索（Camillo Benso）。

与“三月革命前时期”的情况类似，19 世纪 50 年代处于高压条件下的中欧民族主义观念首先在文化领域被坚持了下来。一方面，始终坚持大德意志方案的“文化民族[①]”观念代替了缺位的政治统一；另一方面，歌咏及体操节庆、纪念仪式或其他一些激发民族感情的艺术作品打破了反动时期的政治限制。受到意大利的鼓舞，此类文化民族主义在 1859 年 11 月 10 日达到巅峰，有超过 400 个德意志城市举行弗里德里希·席勒（Friedrich Schiller, 1759—1805）诞生 100 周年庆典——相比歌德，当时的人更愿意将席勒视作德意志民族诗人。

在政治领域，有自由主义倾向的民族主义运动在 19 世纪 50 年代开始出现自我否定的新定位。1853 年，巴登民主派中，日后将成为一名民族自由主义者的路德维希·奥古斯特·冯·罗绍（Ludwig August von Rochau, 1810—1873）在其著作《现实政策的基础》（*Grundsätze der Realpolitik*）中给出了关键词。他直斥 1848 年至 1849 年的革命者为脱离现实的理想主义者，并要求对权力采取一种更为现实主义的态度，推行可行的现实政策。但这种新现实主义包含了自由派对胜利的信念，而

---

① 文化民族观念（Kulturnation）：一种基于相同的语言、传统、文化和宗教相互联系所产生的民族共同体意识。

这一信念也取决于经济的发展。意大利民族主义运动所取得的成果及由其表现出来的行动可能性，使得这些构想变得更为具体。而在新的观念和考虑中，还包括了民族问题这一只能通过武装暴力手段加以解决的“戈耳狄俄斯之结”[1]，就像在意大利那样，民族革命的最高成就是必须建立一个国家；而从形势上来看，德国的皮蒙埃特非普鲁士莫属。

小德意志方案的支持者有组织地聚集于“德意志民族协会（Deutscher Nationalverein）”，该协会以意大利的“民族协会（Società Naozionala）”为榜样，于 1859 年 9 月 15 日至 16 日在美因河畔的法兰克福成立。正是凭借一种职业化、政党式的新型组织模式，民族协会很快成为动员起数以万计追随者的团体；而比它成立晚三年的“德意志改革协会（Deutscher Reformverein）”则将大德意志方案奉为圭臬，尽管在南德意志的组织具有强烈自由主义导向，但其成员却并未超过 4000 人。

由于许多德意志邦国急于摆脱极端反动政策的迹象

---

① “戈耳狄俄斯之结”：典出希腊神话。相传小亚细亚弗里吉亚的国王戈耳狄俄斯制作了一个无法分辨头尾的复杂结子，几个世纪之后马其顿国王亚历山大远征波斯，一剑劈开这个死结。后世用“戈耳狄俄斯之结”喻指缠绕不清、难以理顺的问题。

已清晰可辨，自由派从中获得了必要的政治活动空间。特别是当1858年10月普鲁士国王弗里德里希·威廉四世（Friedrich Wilhelm IV，1795—1861）罹患精神疾病，由其弟威廉一世（Wilhelm I，1797—1888）代为执政之际，走马上任的威廉一世新任命了一个保守自由主义的国家部门，并促成议会新一届公正选举在不受干扰的情况下顺利举行，由此唤起了自由派对普鲁士和德意志政治“新时代（Neue Ära)”的极大期望。

但同样由威廉一世热心推动的普鲁士军队改革却在短时间内引发了19世纪最严重的政治冲突之一。尽管冲突各方的目标一致，都是要使普鲁士军队的规模与日益增长的居民人口相匹配，提升其在未来战争中的战斗能力。但摄政王（即威廉一世——译者注）与他的战争部长阿尔布莱希特·冯·罗恩（Albrecht von Roon，1803—1879）试图通过延长兵役期，同时取消国民预备役的方式，确保军队成为效忠王室的工具；与之相对的则是正在逐步联合成“德意志进步党[①]”的自由派力量。

---

① 德意志进步党（Deutsche Fortschrittspartei）：成立于1861年6月，是普鲁士历史上首个政党。它主要由普鲁士各左翼自由派及民主派集团组成，要求按小德意志道路统一德国，建立议会立宪制君主国。

他们试图利用改革强化议会影响力，这场围绕陆军法案的争论演变为一场宪法冲突。在冲突过程中，经过多次选举而实力不断壮大的议会自由派多数——已从由1849年工业化进程引入的三级选举法中全面受益——面对同样强硬不肯妥协的君主[1]丝毫不让步。

在这种明显进退两难的情况下，威廉一世甚至一度考虑将王位禅让给儿子。尽管如此他还是于1862年9月24日任命普鲁士驻巴黎公使奥托·冯·俾斯麦（Otto von Bismarck，1815—1898）为首相兼外交部部长。自由派挖苦俾斯麦是“反动的君权神授最锐利的最后一箭”。而俾斯麦则将这一任命归结于他无条件保卫王权的决心以及准备在未经议会批准的情况下通过财政预算的决策。这就意味着，反对宪法至少是明确临界于合法性的边缘；相应地，这种与议会势不两立的态度也贯穿了俾斯麦之后的政治生涯。因此在秉承自由主义观点的反对派看来，只有将俾斯麦排除在外——亦即实现新的政府更替之后，才有可能解决宪法冲突。

但这位新任首相在1862年9月30日众议院预算委员会的初次亮相中便以一段日后被广泛引用的话为这一

① 威廉一世已于1861年1月2日接替去世的兄长正式成为普鲁士国王。

冲突找到了解决的出路："德意志不能寄希望于普鲁士的自由主义，而是武力……当代的重大问题不是通过演说和多数决议来解决——这正是1848年和1849年所犯下的大错——而是通过铁与血。"此番言论表面看起来是对自由主义立场的严厉回绝，俾斯麦试图使普鲁士在外部冲突中发挥作用，以此转移国内矛盾，这一点很快令他遭到众议院议员的批评。但他的演讲也被视为回应自由派新现实主义政策倾向所发出的妥协信号：普鲁士可以在外交和民族问题上保持这样的状态，亦即政府和议会重新回到平等的位置上，并将突发的争议限定在一定的范围之内。

当然，决不能将俾斯麦此番犹如先知般的言论作为一套稳定不变的民族政策体系框架加以解读。尽管大多数同时代人在帝国建立之后回首往昔都是这样认为的，但该体系实际是在俾斯麦铁血演说之后的后续岁月中才逐步完成的。俾斯麦接过制定民族政策的责任是基于这样的形势，即普鲁士认为奥地利在改革德意志联邦问题上的进攻态势表露无遗。为了应对对意战争的失败，维也纳颁布1861年《二月法令》[①]并任命一位自由

① 《二月法令》(Februarpatent)：这部法令实际上相当于奥地利帝国宪法。

派人士担任首相，这一德意志政策方针的自由主义转向尽管程度有限，却使得哈布斯堡王朝从中获益。相反，普鲁士对民族统一的设想却因为宪法冲突而背负着沉重的负担。俾斯麦通过1863年1月与沙皇俄国联手镇压波兰起义而不断强化这一影响，同时他还艰难地说服威廉一世拒绝由奥地利皇帝弗朗茨·约瑟夫（Franz Joseph，1830—1916）发出的前往法兰克福参加于1863年8月17日召开的（德意志联邦各邦）君主会议的邀约。

而当从50年代中期开始就重新发酵的石勒苏益格－荷尔施泰因争端在1863年因丹麦采取行动将石勒苏益格收入囊中，以及无嗣的丹麦国王[①]去世而进入白热化阶段，俾斯麦及普鲁士的政治活动范围再也不局限于自由主义及民族主义导向下的德意志政策。再加上许多中小邦国支持具有自由主义思想的弗里德里希·冯·奥古斯滕堡亲王（Friedrich von Augustenburg，1829—1880）带领易北河诸公国[②]脱离丹麦统治，石勒苏益格加入德

① 无嗣的丹麦国王：指弗里德里克七世（Frederik VII，1808—1863），弗里德里克七世一生共经历三段婚姻，但均未留下子嗣。

② 易北河诸公国：指石勒苏益格、荷尔施泰因和劳恩堡三公国。1852年，奥古斯滕堡亲王之父被迫放弃对石勒苏益格－荷

意志联邦。但此举与丹麦之前的举动一样，或将违背1852年的《伦敦备忘录》[1]，并极有可能招致大国干预。正是为避免这一情况的发生及由此引发一场程度不可估量的民族间战争，俾斯麦转而执行一种严格的欧洲立场，他提出遵循《伦敦备忘录》（这份备忘录本身由普鲁士参与签署）的内容。此举使得奥地利再无可能将民族主义运动与自身利益捆绑在一起，除了接受彼此间尚钩心斗角的霍亨索伦王朝的意见外别无选择。在向丹麦发出一份联合最后通牒后，1864年2月1日，两大德意志强权联手在德意志北部打响战斗。这场战争取得了军事和外交上的双重胜利，并以丹麦国王于1864年10月在维也纳签署和约，将自己对石勒苏益格、荷尔施泰因和劳恩堡的权利让渡给奥地利皇帝和普鲁士国王而告终。

（接上页）尔施泰因的统治权及其后代的继承要求，但作为其继承者的奥古斯滕堡亲王并不承认放弃该权利，要求继承父亲的领地，并带领石勒苏益格加入德意志联邦，得到了石－荷及劳恩堡公国的德意志人以及德意志联邦内中小邦国的支持。

① 《伦敦备忘录》(Londoner Protokoll)：1852年5月8日，由英、俄、法、普、奥及瑞典在伦敦就丹麦王国的王位继承问题召开会议，会后签署的文件即为《伦敦备忘录》。该备忘录对于石－荷问题作出了安排，即石勒苏益格、荷尔施泰因和劳恩堡三公国不可分离，共奉丹麦国王为宗主，但仍保留荷尔施泰因作为德意志联邦成员的地位。

由此，俾斯麦不仅击退了维也纳在德意志政策上的进攻，还在“石勒苏益格－荷尔施泰因给奥地利套上了‘普鲁士的索套’”（海因里希·卢茨）。

随着易北河公国共管模式的形成，一种新的活动空间得以打开。在这方面，除了已经占有的地缘优势，普鲁士几乎尽握一手好牌。尽管两大国在德丹战争之后表面上仍维持合作，但事态的发展趋势却越来越导向一场决定性的冲突。首先，两国仍努力为自己作出有利的安排：奥地利的政策考量是试图使普鲁士因其在石勒苏益格－荷尔施泰因的利益而将其拉入奥地利的意大利政策，从而迫使其扮演合伙人的角色；而俾斯麦则希望普鲁士在德意志划分出势力范围并能够获得与奥地利平起平坐的地位。这遭到了奉行大德意志方案和反普鲁士方针的维也纳方面的严重抗议，但它低估了哈布斯堡王朝依靠自身解决一切财政和政治问题的实力，而期待一场与普鲁士兵戎相见的战争胜利。但这场1865年已箭在弦上的战事随着8月14日《加施泰因公约》[①]的签署再次得以避免，按照公约规定，未来石勒苏益格应由普鲁

① 《加施泰因公约》（Konvention von Gastein）：1865年8月14日，普奥两国在奥地利的巴德加施泰因签署的条约。该条约就两国对石－荷及劳恩堡公国的共管模式做出具体规定。

士管理，荷尔施泰因交由奥地利，劳恩堡则以现金买卖的方式落入普鲁士之手。

尽管如此，对于冲突双方而言，这不过是为已所用的缓兵之计，使这场早在意料之中的战争基本架构能够向有利自己的方向发展。英国和俄国的干涉完全被排除在外。而当奥地利为追求胜利将威尼托大区转让给法国以试图换取后者中立时，俾斯麦则并不理会法国的补偿要求。但同时，普鲁士却凭借一个有期限的进攻同盟确保获得意大利的支持。

从 1866 年 4 月初开始，两大德意志强权从有目的的相互挑衅逐步走向武装冲突。这一状态始于6月14日，按照奥地利的要求，德意志联邦开始执行针对普鲁士的措施。尽管所有大中规模的德意志邦国都站在奥地利的一方，而普鲁士仅获得北德小邦的支持，以至于多数当时的人都认定普鲁士将以失败告终；但这场“兄弟阋墙”之战却在战事爆发三周之后的 7 月 3 日，在位于波希米亚的克尼格雷茨战役[①]中便奠定了对普鲁士有利的局面，其关键就在于普鲁士凭借铁路实现了军队的快速集结，军事技术上的优势以及军事改革后更胜一筹的组织能力与兵员数量。尽管这一决策之于普鲁士的重要性在

① 克尼格雷茨战役：也称萨多瓦战役。

后来的许多同时代人及后世人看来是历史的必然，但在克尼格雷茨，却是在命悬一线的情况下作出的决定[①]。

为避免其他大国（如法国）的介入，在俾斯麦的坚持之下，普奥两国在短暂的战事之后迅速签署和平条约。俾斯麦甚至不惜违背上意，仅提出让哈布斯堡王朝支付少量战争赔款的要求；除威尼托大区之外，奥地利也无领土上的损失——这一温和的处置方式勾勒出未来两国重新和解的前景。然而普鲁士对北德其他战争对手的报复则严苛许多：在汉诺威、黑森选侯国及拿骚，合法的王朝统治者被赶下了王位，他们的领地——包括自由城市法兰克福在内——均被普鲁士吞并；此外，石勒苏益格和荷尔施泰因也被并入普鲁士。而在维也纳确认解散德意志联邦之后，取而代之以北德意志联邦(Norddeutscher Bund)，这是一个在普鲁士领导下，主要由北德邦国组成的联合体；还有就是要避免法国干预的危险；未来对南德的处置则仍保持开放状态。

在其政治手腕取得巨大成就的基础上，俾斯麦这才着手解决普鲁士内政问题，调停宪法冲突。他通过《事

---

① 由于在这场战役中，奥方无论在兵力还是装备上均占优势，普军一度因为增援部队未到而陷入苦战，甚至连威廉一世和俾斯麦都担心此役会以失败告终。

后追认草案》（Indemnitätsvorlage）作为针对反对派的重要一步棋，该草案旨在要求免除对过去四年未经议会审议通过的预算案的管制，由此成功拉拢多数认为建立一个德意志民族国家已指日可待的反对派站到他这一边。1866年9月3日，135名反对派议员中的72人在下院投票中通过了该草案，就此达成了与俾斯麦的合作。这也意味着自由主义运动与民族主义运动的分道扬镳：议员中的少数派继续留在进步党内，扮演反对派的角色；多数派议员则组织新的"民族自由党（Nationalliberale Partei）"，并在之后的岁月中与从"自由保守主义者"阵营中脱离出来的普鲁士保守派一起构成了俾斯麦在议会中最重要的盟友和支撑北德意志联邦（也包括日后帝国）的政党政治力量。

民族自由党人因此备受昔日并肩作战的左翼自由派的批判，指责其背叛自由主义的目标，因为他们放弃了同等重要的建立自由宪政国家和德意志民族国家的双重目标，换言之就是出卖自由换取统一。这一论断显然是正确的，以至于深谙此道的俾斯麦将建立民族国家的目标收为己用，并在很长一段时间内明确使君主—官僚行政权力凌驾于人民代表之上。但也不能据此认定民族自由党人向俾斯麦缴械投降，他们依然深信的是一个新生的民族国家可以为贯彻自由主义的目标提供更好的平台，即统一必将带来自由。

1866年发生的一系列事件决定了1870年至1871年帝国建立的基本进程，同时对于德意志民族国家的进一步发展有着关键性意义。凭借着普鲁士的胜利，小德意志方案得以贯彻。德意志联邦被解散，奥地利几乎被完全排除在德意志之外，这一直到纳粹独裁时期才被放弃的决定被证明是十分正确的。虽然，在南德意志仍存在着一股源于左翼自由派和民主派的反普鲁士主义思潮，但整个德意志民族运动中的大德意志路线也因此告一段落。北德意志联邦的内部结构及其内政状况在很大程度上等同于日后的帝国。而南德诸邦则至少在军事上凭借和普鲁士在1866年8月达成的永久“防御联盟”与北方构成了紧密的联系。

但另一方面不容忽视的是，这一以北德意志联邦为基础的结构本身极不稳定。不仅德意志民族运动迫切要求实现民族国家的全面统一，俾斯麦也竭力想终结南德诸邦地位不定的状况，并保证普鲁士的权势始终处于上升态势。一个重要的起点是关税同盟内的经济合作。1867年关税同盟改革通过设置关税参议院（Zollbundesrat）和关税众议院（Zollparlament）之类的类似北德意志联邦的机构，使得南部与普鲁士及北部进一步联系在一起。但在1868年2月至3月的关税众议院选举中，以小德意志—普鲁士方案为导向的政党在南德诸邦的失利表明，要从关税同盟中形成统一的民族国家，南北双方在政治上的靠拢仍有很长的路要走。

最后，从1867年上半年开始，随着俾斯麦挫败法兰西皇帝拿破仑三世试图合并卢森堡大公国的努力——后者试图以此作为自己认可中欧新权力格局的回报——形势就变得极为明朗：德意志的统一只能借由一场对法战争来完成。对俾斯麦而言，加速这一进程的机会出现在因霍亨索伦家族成员成为1868年起虚悬的西班牙王位候选人的争端[①]上。尽管在全欧的公共舆论中，最终拿破仑三世成了侵略者，但可以这样说，没有任何一方是在“内心不情愿的情况下触发或卷入这场战争”的，

---

① 1868年9月，西班牙爆发了推翻女王伊莎贝拉二世(Isabel II, 1830—1904）统治的“光荣革命”。随着女王流亡海外，临时政府又完全排斥波旁家族重登王位，由此在欧洲触发了一场“西班牙王位之争”。在俾斯麦的暗中运作下，西班牙政府于1869年9月正式邀请属于霍亨索伦家族施瓦本支系的利奥波德亲王(Leopold von Hohenzollern，1835—1905）继承王位。对此，不仅西班牙民众反对迎立外国君主，法国对此的反应亦极其激烈。最终尽管利奥波德亲王宣布不接受该邀请，这一事件仍成为普法战争爆发的导火线。1870年7月19日，法国对普鲁士宣战。

相反，双方都在寻找决定动武的机会。但俾斯麦却成功使得在德国，尤其是在南部爆发的战争从一开始看上去就像是一场抵抗战争和民族战争。

因此，正如民族自由党在1870年7月的一份倡议中所提到的那样，这场战争很快与期望“无论如何实现德意志完全统一”联系在一起。这种民族主义的期望随着德意志在战争中所取得的每一场胜利而不断被强化，尤其当1870年9月2日色当战役取得胜利之后——法军投降，拿破仑三世被俘——则更是如此，公共舆论对南德诸邦君主及政府的压力也随之水涨船高。德意志的统一刻不容缓。

与此同时在法国，色当战役失败的后果是宣告成立共和国。新生的共和政府在成立数日之内就提出一项求和声明，其中明确包含了支持建立一个德意志民族国家的内容。从这个意义上来说，战争本可以在9月中旬结束；特别是在俾斯麦看来，时间同样所剩无多，这是因为当时已完全不可能排除其他欧洲大国的干预。但由于阿尔萨斯和洛林争端的存在，战事继续推进：德方的要求是吞并两地，但法国政府却在战败之际依然坚持国家的领土完整。

正因为如此，色当战役之后普法战争依然继续，激烈程度甚至有所提高。直到 1871 年 1 月 28 日——当时巴黎已被德意志军队包围且遭到长达数周之久的炮轰——才达成停战协议，并于 1871 年 5 月 10 日在法兰克福签署和约。和约中最重要的两点规定，一是割让洛林的部分地区及阿尔萨斯，二是总额高达 50 亿金法郎的战争赔偿。在事后已不可能讨论诸如如果没有上述吞并的事实，法国在 1870 年至 1871 年战败后的复仇企图是否会逐渐削弱直至消失的问题；毫无疑问，这一吞并行为激发出了法国人的复仇欲望，并使得新诞生的帝国在外交上背负着沉重的负担。

在此期间，普鲁士与南德诸邦围绕民族国家建立的谈判也持续推进，这些谈判最终于 1870 年 11 月以达成一系列妥协与让步（尤其是对巴伐利亚）而宣告结束。帝国的成立以北德意志联邦与南德诸邦达成一系列条约的方式得以实现。但民族主义运动作为关键性因素参与了这一过程的完成——确切来说因为这些条约必须经由北德国会和南德诸邦议会批准方可生效；而就更普世的意义而言，这一运动强烈需要民族国家并为此动员各方予以支持，这使得其他政治势力亦无法回避这一目标。

因此，1871 年诞生的帝国同样脱胎于根基深厚的民族建构过程及一场“由上而下的革命”。“德意志民族国家建立的两面性”（迪特·朗格维舍）也影响到德意志帝国的政治制度。尽管俾斯麦帝国并非自由主义观点下的进步议会制民族国家，它的成立依然意味着德国沿着这一方向迈出重要一步，并实现了自由主义和民族主义运动的中心目标。而在这方面，1871 年 1 月 18 日在凡尔赛宫举行的皇帝加冕典礼则毫不掩饰德国深受君主及官僚主义领导及其军事实力的影响。

第三章

帝国时代（1871—1914）

在投入民族主义怀抱的自由派人士中，一些较年长者如历史学家海因里希·冯·聚贝尔（Heinrich von Sybel，1817—1985）认为帝国的成立是政治诉求的终点及个人使命的达成。但也能从“帝国缔造者”奥托·冯·俾斯麦那里不断听到这样的话：要通过坚决抵制“帝国敌人”，要通过自我克制和现实政治保卫这个幸运诞生的民族国家。当然，反对此类观点的不仅是在年轻人中出现的狂热与爆棚的自我意识，即将帝国的建立作为一种开端、作为驶向新彼岸的启程。

更确切地说，德意志帝国诞生于一个活跃变动与扩张烙印的时代，正在向高速工业化时代过渡，加速向城市大众社会转变。对许多过去确信事物的质疑构成了科学与文化繁荣的基础。到处都是迅猛的变化，尤其是在新生的民族国家阶段，维持现状不变是完全不能想象的事。

快速成长起来的全球意识也成为这个时代的真实写照，它存在于贸易与交通，存在于迁徙，也存在于交流之中。但全球化第一阶段的重要推动力是欧洲大国的越洋扩张和全球竞争。各帝国对全球的统治在1900年前后达到巅峰。德意志帝国则是其中富于活力的因素。这表现在人口的增长，经济发展与贸易实力的提高，科学创新等方面。德意志帝国还扮演着帝国竞争中“初来乍到者”的角色。

但这一全球竞争不仅反作用于欧洲大陆的权力政治格局，并因此成为第一次世界大战前的一部分；也伴随着德国的内部发展而与其欧洲邻国的关系变得错综复杂，这表现在日趋繁荣且不断扩张的经济之中，表现在社会流动与紧张（尤其是不断加剧的政治变革）中，表现在向民主的大众政治过渡及国家权力与效率的扩大之中。帝国间的对抗是德国在1900年前后实现现代性突破的主要因素，也因此构成这个时代的核心标志。

欧洲帝国与世界帝国

1871年2月9日，英国保守党领袖、长期担任首相的本杰明·迪斯雷利（Benjamin Disraeli，1804—1881）对下院就德法战争及其后果进行说明：“这场战争意味着德意志革命是一桩较上世纪的法国大革命更为重大的政治事件。……不存在任何无法避免的外交传统。我们拥有了一个全新的世界，对于事业有了全新的影响力，全新而未知的规模与危险，对此我们必须做好准备，它们与其他所有新生事物一样，还未能被洞察。……权力的均势已经被完全摧毁，而遭受这其中绝大部分损害并觉察到这场大转折影响力的国家，是英国。”

这类以德意志帝国在欧洲权力体系中的位置建立帝国的观点为基础的，也是德国的外交政策及其掌门人俾斯麦所必须逐步适应的。当然俾斯麦从一开始就意识到，以普鲁士当前的权力扩张，以及在中欧出现一个取代组织松散、在外交上毫无行动力的德意志联邦的新大国，会持续动摇现存的权力均势。因此他在帝国成立之初便抓住一切机会马不停蹄地表态：这一新生国家已经“饱和”，它不会提出进一步的领土要求，也完全无意继续扩张其在欧洲大陆的半霸权地位。但具体到如何使德意志帝国与欧洲和平共存又维护其天然的外交利益，则是俾斯麦在面对各类国际危机的压力下一步步构思出来的。

其中的一场危机是因俾斯麦间接恫吓战败后在经济和军事上均处于快速恢复期的法国而导致的，即 1875 年 4 月“战争在望”危机[①]。对此英俄两国均确切无误地表态，它们不能再容忍德法力量对比继续向有利于德国的方向发展。而在另一场危机中，即从 1875 年起矛盾就不断累积并最终于 1877 年 4 月演变为一场热战的东方危机[②]，则为帝国首相提供了大量的直接材料，并

---

① “战争在望”危机：也称德法战争危机。1875 年春法国议会通过的扩军议案刺激到了德国。俾斯麦授意媒体“先发制人”，于 4 月 5 日至 8 日之间大肆宣扬法国改组军队是在做战争准备，随后他更是在德国陆军参谋总部的参与下在德国内外掀起了一场反法运动。面对德国人的进攻态势，法国人将德国的相关言论及民间传闻收集起来后送交欧洲各大国政府及媒体，导致欧洲舆论哗然。这场德法外交危机最终以俾斯麦于 5 月底向德皇提出辞呈遭拒绝后离开柏林“思过”而告一段落。

② 随着土耳其奥斯曼帝国势力进一步衰弱，巴尔干半岛诸民族掀起民族解放浪潮，从 1875 年起，波斯尼亚和黑塞哥维亚爆发反对土耳其统治的起义。对此欧洲各大国各有盘算：俄国打着“泛斯拉夫主义”的旗帜予以支持，但其实质却是试图在巴尔干半岛扩大自己的势力；同时奥匈帝国伺机蚕食土耳其在巴尔干半岛的领土；英国则宣布支持土耳其采取强硬态度。遂酿成“东方危机”，最终 1877 年 4 月再次爆发俄土战争，英、奥也被卷入其中。

于 1877 年 6 月 5 日在著名的《基辛根口述》(Kissinger Diktat) 中以书面形式记录其未来外交政策的基本方针。

俾斯麦担心法国因为战争失败和丢掉阿尔萨斯—洛林地区心怀仇恨，可能会组织起反对德国的强大联盟。因此，他认为，德国外交政策的中心任务是要将欧洲强权国家之间的张力从矛头直指德国的中心地带，向边缘地区转移，首要的便是巴尔干半岛。在巴尔干半岛存在这样的可能，即可以通过牺牲土耳其来满足其他大国的生存利益。从长远观点来看，这将有利于稳固欧洲均势。而在此地未作布局的德国则得到了成为大国潜在同盟者的机会；但同时也可以注意到，正是因为其他大国间的争夺如此之激烈，以至于不可能在存在利益冲突的情况下形成反德联盟。用俾斯麦的话来说，目标是要创建"政治共生环境，其中包括所有能为我们所用的大国，除了法国。并且可以通过大国间关系尽可能地离间反对我们的联盟"。

按照这一设想，俾斯麦试图在 1878 年 6 月至 7 月的柏林会议上扮演"一位诚实的掮客"，"打算做成这笔买卖"以平衡各方不同的利益。事实上他成功地阻止了俄国在巴尔干半岛的扩张。俄国被迫交出部分此前与土耳其交战所获得的"战利品"，而其他大国则因为俄国的权力扩张得到了领土方面的补偿[①]。凭借这一外交上的杰出成就，俾斯麦站上了他外交影响力与声望的最高峰。

只有俄国对此次会议的结果极为不满，并由此对德意志帝国耿耿于怀。但俾斯麦外交政策的内部底线及问题也因此在会议结果达成之际表露无遗。他比任何一个欧洲外交家更致力于一劳永逸地克服危机并重回各国梦寐以求的均势。

1878年至1879年的形势表明，俾斯麦首先谋求向奥匈帝国靠拢，这促成了1879年10月两国同盟条约的签订。和这个时代大多数同盟条约一样，这一同盟以密约形式达成，并且纯粹是一个战时防御同盟。但它最终证明，由于两国的同一民族性，德国对奥匈帝国的外交政策直到第一次世界大战都始终保持不变。但在该条约签订之际，更多的考虑是建立一种紧密的德奥联系以抗衡具有威胁性的法俄亲善，并且绝不允许由俄、法、奥匈组成的三国同盟形成。事实上，当俄国在1881年被说服签署“三皇同盟条约”(Dreikaiservertrag)，重新建立三个东方大国联系时，俾斯麦所希望的影响已经开始发挥作用了。

---

① 英国取得塞浦路斯，而奥匈帝国则获得波斯尼亚与黑塞哥维亚的实际管理权。

俾斯麦付出了极大努力才使德意志帝国免于陷入19世纪80年代此消彼长的危机之中，面对欧洲列强再次站稳了脚跟。然而其手段却变得越来越复杂而刻意：自1881年至1882年，俾斯麦同盟体系完全成型，这一体系复杂的条约框架便是如此。这其中，帝国不仅成为东部同盟的中心，同时也成为一个西部同盟的中心，其核心事件是1882年由于意大利的加入而使德国与奥匈帝国的两国同盟拓展为三国同盟。但更重要的则是1887年6月18日《德俄再保险条约》(Deutsch-russischer Rückversicherungsvertrag)，俾斯麦在三皇条约到期后通过该条约向俄国所做的承诺，与其向其他大国承诺的合约义务大相径庭。

但在德国却首先激发出愈发强烈反对1871年获得权力支配地位的说法，对比其他大国在全球扩张的势头来看，德国的权力却相对收缩。正如欧洲到处所发生的那样，公众真正开始成为一股新兴的参与力量，在外交舞台上崭露头角，而不再是政府操控的傀儡。尤为愈演愈烈的是从19世纪70年代晚期出现的殖民狂热，因此大量各类新兴宣传协会被大力兴办起来。

尽管俾斯麦长期以来反对殖民政策的野心抱负，理由是他的“非洲牌在欧洲”。而德国地处俄法中间的地理位置是对德国外交政策的核心挑战。因此俾斯麦只在1884年至1885年很有限的时间内迎合过殖民运动。在欧洲各大国围绕非洲的普遍竞争中，德国也在非洲西部、西南部和东部取得了殖民权利，此外还在新几内亚及其周边得到了一些较小的地区。此后俾斯麦对“保护地”的兴趣很快就消退了，一如之前他迅速接受那样。个中原因在于，殖民运动并未取得俾斯麦本人在提出倡议时所期望的内政优势——但首先是外交上的优势，尤其是随着德国在1885年3月调整对法政策方针，殖民政策的基本框架条件也有了根本性的调整。

相反，德国社会中的大部分人（这远远超出了有组织殖民运动的范围）对业已收获丰厚的殖民行动寄予高度甚至是更高的期望。这些期望包括了从人口政策的角度考虑当时极高的人口外流数量，利用殖民地分散社会矛盾，到牵扯更多的经济政策及权力政治的现象，再到对德国在世界范围内传播基督教文明的信念。

因此到19世纪80年代末前后，很多德国人认为俾斯麦的外交政策已毫无出路。然而，从后来的发展来看，俾斯麦政策所取得突出成就恰恰是帝国根据1871年形势所制定的和平政策，但这一政策取向令当时人（甚至也包括自由党及其代表的资产阶级）几乎完全无法忍受。

毫无疑问，当时人的这种消极观感，且按照这一思路对俾斯麦内政政策的评价，最终决定了俾斯麦于 1890 年下野。

而在俾斯麦的继任者卡普维利伯爵（Graf Caprivi, 1831—1899）和霍恩洛厄侯爵（Fürst Hoenlohe，1819—1901）任内则开启了一个过渡时期，虽然德国在这一时期已放弃了迄今为止均势政策的核心原则——这尤其体现在 1890 年明确宣布不再延长与俄国的《再保险条约》，但仍一如既往地推行传统的大陆政策。然而，正如俾斯麦曾担心的那样，这一方针转向过程的消极影响在于促成了法俄于 1893 年至 1894 年抱团，但在此之前又尚未改善德国与英国的关系。

伴随着由成员声势浩大的宣传协会，尤其是德意志殖民协会（Deutsche Kolonialgesellschaft）、泛德意志同盟（Alldeutscher Verband）以及德意志海军协会（Deutscher Flottenverein）所大力推动的民族主义与帝国主义宣传，以及在年轻皇帝威廉二世（Wilhelm II., 1859—1941）作为最高代言人的个人倡导下，从 1890 年代中期起，德国开始走向“世界政策”阶段。这一德国新时期外交政策可以用时任外交部长、日后的德国首相伯恩哈德·冯·比洛（Bernhard von Bülow，1849—

1929）反复被引用的话加以概括——他在1897年12月6日的国会演讲时说道："德意志听凭她的一个邻居占领大陆，另一个占据海洋，而将把天空留给自己奉为圭臬的时代已经过去。……我们不想将任何人赶入阴影，但我们也要求在阳光下取得一席之地。"德国要求成为世界大国和在世界政治舞台上取得同等活动地位——首先是要与英国平起平坐——取代了将外交政策限制于欧洲大陆及以俾斯麦为代表的克制态度。

在全新的世界政策中扮演最重要角色的手段，并成为其中核心象征的是1897年起通过一系列大规模军备项目建立并扩充的海军舰队。其职责远超保护德国海外利益，在当时国际战略讨论的语境下，海军更被视为德国成为世界大国的必要前提。舰队建设在由蒂尔皮茨元帅（Admiral Tirpitz，1849—1930）领导的海军部的精心运作下变得家喻户晓。1898年和1900年，国会以绝大多数赞同票通过了几项海军法提案，这几部提案的计划是建造19条大型军舰。

但德国外交政策这一新的全球方针所取得成果却很有限。其殖民地的扩张微不足道：1897年占领中国胶州，1898年至1899年占据太平洋一些岛屿。英法之间的竞争，德国人的扩张行动及其与当地土著居民之间的各种冲突，使德国越来越被海外领土上的政治和军事任务所束缚，并被迫对其殖民地进行直接管理，但所有经济上与殖民地相关的深入期望却并没能实现。

因此，威廉二世世界政策的核心特征在于其目标的不确定性，这一点在比洛“阳光下的地盘”的讲话中也可以察觉到。它更多地是为了赢得声誉而非达成实际目标，试图在这或那跳来跳去为德意志帝国捞取政治好处，而为了达成这一目标，也毫不畏惧因为变脸太快而招致这个或那个大国的反感。然而，尽管种种举动高调且咄咄逼人，但这种形式的帝国主义却赢得了德国公众的广泛支持。这一曾被左翼的自由党人弗里德里希·瑙曼(Friedrich Naumann，1860—1919）归纳为“无论如何要在世界上占领些东西，以便成就自己”的策略，显然与德国作为“迟到”民族国家的状态是相吻合的，但在帝国追求强权政治的特殊条件下，其致命性也表露无遗。

从这个意义上来说，第一，这一切考虑都可以回溯至俾斯麦将位于欧洲大国间的冲突从大陆中心向当时被认为是无用的欧洲及欧洲以外边缘地带转移。但这一策略不仅将帝国束缚在这些边缘地区，还在很多方面造成新的冲突，因此在当时变得落伍过时。

第二，作为一个相对晚近才崛起的新兴大国，德意志帝国因其倨傲的态度，当然也包括其在人口与经济方面无可辩驳的实力，尤其扮演着“捣乱者”的角色——至少在许多领域，德国都希望超越欧洲领头羊的英国并将其甩在身后。因此，它也不得不对现有的大国采取防御反应，并在审时度势后才向其靠拢。

第三，同时也是最重要的一点，尽管在法俄结成同盟之后，英国成为唯一可以制衡以德、奥为一方，法、俄为另一方，或推迟形势向这方或那方向发展的大国，但德国的世界政策野心却在许多方面与英国结下梁子。

尽管威廉二世的世界政策(特别是在海军建设方面)中存在反英路线，然而在1900年前后却仍出现过缓和与英国关系的短暂机会。英国人发现自己的世界帝国正因其他大国（美、日在东亚，俄国在东亚和中亚）不断增强的竞争力和其在非洲与法国的对峙以及南非的布尔战争①而受到严重威胁。但当英国人谨慎试探德国是否

---

① 布尔战争：1880年至1902年在非洲南部爆发的英国政府与当地土著白人布尔人之间的战争。所谓“布尔人”，是指从17世纪中叶起生活在南非的荷兰及德国殖民者后裔，他们在当地建立了自己的政权。布尔战争共有两次，其中尤以1899年至1902年间的第二次最为惨烈。尽管战争以英国获胜而告终，但已严重影响了到大英帝国在国际上的形象，同时对其帝国体系的内部运作也构成了沉重打击。

期待获得对其世界政策的支持时，柏林的当权者对此却不置可否。可以肯定的是，英国人的政策完全不可相信，会因为对方迟疑的态度而付出一定的代价，而德国也不只扮演世界政治中的小跟班一角。当然可以肯定的是英国并未放弃对德国的顾虑，英国完全出人意料地与其全球的竞争者达成了相互谅解：1904 年积极与法国达成非正式的协约关系，三年后又与俄国一起共同调停世界政坛的各类争端。

最终比洛的外交政策彻底失败，德国在外交领域继续处于被孤立的状态。尽管德国方面称之为“包围”，但这也是自俾斯麦下台后德国进一步自我边缘化的结果。出于意识到一定程度上与其他强权国家在全球竞争处于劣势，德国试图在欧洲大陆扩大强势地位，以期在世界政治舞台上取得同等地位，但德国的这一设想也使得英、法、俄重新将目光转回欧洲并注意到一种因德国大规模增加的人口数量及显著提高的经济实力所引发的威胁。

但就此叫停世界政策并不在德意志帝国的考虑范围内，相反，对于欧洲以外地区土地及人口利益的追求比以往更符合欧洲常态，符合当时所有欧洲强权国家的表现。任何让步、任何放缓自身努力的举动，都极有可能对其在欧洲大陆的权力地位构成消极的反作用。

而从内政角度来说，外交政策根本性方针的转变也无法得到贯彻，这不仅是因为德国国内海军支持者的态度以及皇帝在外交政策上始终刚愎自用，抑或是因为蒂尔皮茨元帅在海军问题上有几乎无可动摇的地位。实际上，从1904年至1905年起，海军政策无法达成其既定的内政及外交目标的缺陷越发表露无遗，有关的质疑也随之甚嚣尘上。尽管如此，广大民众对于海军的热忱却丝毫不受动摇——1913年时海军协会会员人数仍达110万之多。

而在世纪之交的公共讨论中，可以观察到对民族理解的深刻转型。受生物学思考范式的影响，民族（Nation）与族民（Volk）被类比为自然界中的“生物”。“它明确了在关乎生存权的幸存者之战中的最强者，这些人理应获得优先权”（汉斯 - 乌利希 · 韦勒）。如今，扩张一定程度上是为了在自然界中获得“生存空间”，并以此证明为维持本民族人民的强壮及种族纯洁采取一种排他性思想是正确的。这种种族主义思想因此构成了一种新式反犹主义产生的基础，并为殖民政策找到了一条通道，例如1904年德国军队为镇压起义的赫雷罗人和纳马人而在德属西南非所发动的灭绝战争[①]。此外，这种激进

① 1904年至1908年在非洲西南部地区（今纳米比亚）爆

的民族主义中还直接构成了右翼分子在第一次世界大战中的极端战争目标。

在这样的背景下，从德国首相比洛，尤其是其继任者贝特曼·霍尔维格（Bethmann Hollweg，1856—1921）开始，他们努力将德国外交政策拉出孤立无援的绝境，却已无可避免地陷入一系列矛盾之中。他们试图使承诺改变诸如军备和殖民政策的松绑政策与种种进攻性措施并驾齐驱。尽管始终没有实质性成果，但后者是为了试探敌方联盟内的团结程度，也是为了满足同期德国民众对世界政策成果的强烈要求。同时，一如既往地，在达成英德互相谅解问题上投入的巨大努力只换来了一些边缘问题上的共识，而军备竞赛的影响则日益突出。英国于 1906 年起开始建造一种全新的战列舰类型——无畏舰；德国通过 1908 年海军法修正案也开始加速战舰建设，并于 1913 年将大规模的军备提升从海上扩展到陆地。

此外，国际危机、交替变换的战争威胁、局部战争，

（接上页）发了当地土著赫雷罗人和纳马人反抗德国殖民者的起义。起义不仅遭到德国军队的残酷镇压，当地人更是在起义失败后因遭殖民者围捕导致人口急剧缩减，这场镇压战争因此被德国史学界认为是德国殖民史上第一次有组织的“种族灭绝”。

一系列加速变化的局势预示着战争前夜的降临。一方面，在始终笼罩和伴随的危机阴影下，这一形势在于1914年6月出现缓和，德国对其他大国也有所让步；另一方面，不光是在德国，几乎永恒存在的危机催生出这样一种观念：无论或远或近，一场大战在所难免。公众、政客，尤其是军方的讨论还越来越关注这样的问题：什么时候才是这场公认无可避免的战争爆发的最佳时机？随后，正如这句德国总参谋长赫尔穆特·冯·毛奇（Helmuth von Moltke，1800—1891）所说的那样，“越早越好”被有意识地加以推动。对于这一先发制人的战争策略的后果，对失败者而言是可以预见的恐怖及灾难性后果，当时的人们完全了然于心。

从德意志帝国一方来说，所有这一切与一个岌岌可危的同盟体系联系在一起，即只能视作纸面上盟友的意大利和罗马尼亚之后，唯一可靠的盟友是危机缠身、日益衰弱的哈布斯堡王朝。德国对维也纳政策的盟友态度，及其对后者在巴尔干半岛采取冒险政策给予支持和担保的程度，在1908年至1909年吞并波斯尼亚的危机[①]中

① 1908年9月，奥俄两国趁土耳其奥斯曼帝国国内政局动荡，乘机达成秘密协议，同意由奥匈帝国兼并波斯尼亚与黑塞哥维亚。但从10月起，这一吞并行动不仅招致波、黑两省人民

首次表露无遗。尽管德方亦对奥匈帝国的行动大为震惊，但它仍无条件站在盟友身后，并通过向俄国下最后通牒掩护其侵略政策，这也构成后来指导德国在 1914 年 7 月处理危机的一个重要先例。出于期望盟友摆脱危机变得强大的目的，柏林传递给奥匈帝国的信号是德国的再保险责任不仅仅允许奥方对塞尔维亚采取军事行动，甚至可以迈出更关键的一步。

倘就这一点而言，战争的爆发显然并非战争策略蓄谋已久的结果，相反正如已经提到的那样，帝国在很大程度上依赖于国际贸易，尤其是依赖于后来成为敌人的欧洲大国。但这场战争又恰恰是一场经过德方风险评估的政治博弈，但它却在“七月危机（Julikrise）[①]”的具体演变中及迫于采取军事行动的时间压力下完全失败。

（接上页）及塞尔维亚政府的强烈不满，俄方也因其条件未能得到满足而向奥匈帝国提出抗议，要求通过国际会议解决争端，却遭到有德国撑腰的奥方拒绝，奥方更在奥、塞边境集结军队，战争一触即发。1909 年 2 月，土耳其奥斯曼帝国宣布放弃波、黑两省，3 月德国向俄国施压，最终以俄国让步并向塞尔维亚施压，强迫其放弃一切反奥行动而告终。

① 即围绕 1914 年 6 月 28 日奥匈帝国王储夫妇在萨拉热窝遇刺身亡到 7 月 28 日奥匈帝国率先向塞尔维亚宣战期间，英、法、德、俄、奥匈五大国与塞尔维亚围绕萨拉热窝事件所引发的一系列外交及军事危机，并最终导致第一次世界大战的爆发。

此外还有长期以来不断扩大的潜在冲突，从而构成了导致战争爆发的混合原因。对战争爆发起源的复杂性至今没有形成一套逻辑严密、结构合理的解释。

专制国家与民主化进程

由普鲁士君主政权与部分自由主义民族运动结成同盟，不仅在俾斯麦的领导下开创了小德意志方案，也影响了德国的内政制度。1867 年由北德联盟起草，1871 年经过对核心内容修改后为帝国所采纳的宪法，有一个极为错综复杂的结构。其中有关维护君主制度与议会政治共决的内容，既相互依存又相互矛盾，是 19 世纪君主立宪制的典型类型，但宪法在具体制度上的安排却是俾斯麦的独创。任何涉及中央权利与权力的问题，要做出明确决策,避免“陷于有意为之的黑暗之中”(汉斯·博尔特)。

首先是联邦制的国体。形式上，帝国脱胎于由 22 个主权诸侯国和 3 座自由城市组成的联盟。占据德国将近三分之二面积和人口的第一大邦普鲁士，仅保留少数特别权利,如兼任普鲁士国王与皇帝。但在宪法实践中，普鲁士却占据着霸权地位，而贯彻其影响力最重要的机构是由各联邦全权代表组成的帝国参议院，因为普鲁士始终能够保持多数派地位，普鲁士首相通常也是帝国政府领导人；普鲁士的部长们则构成了帝国行政部门的中流砥柱。

类似付诸实现的还有行政权与立法权的关系。从表面来看，通过设立皇帝为最高行政首脑，由其任命的帝国首相以及通过男性普选权选举出的帝国国会则是最重要的宪政立法机构。但这一制度设计因为参议院的设立而变得越发复杂，这是因为参议院主席为帝国首相，并且参议院被赋予了与国会同等的立法权；同时，由于它拥有行政权，从而形成了一个联合政府。而对于国会来说，行政权由首相掌握，但后者的责任在法律上并未得到更细致的规定。

结果是造成了君主及官僚体系的行政权明显过大。最终一切都掌握在帝国首相手中，只要他拥有皇帝的绝对信任，并且像俾斯麦那样懂得操纵帝国宪法。当然国会权利仍保留了一定的发展余地，即违背其意志的法规与预算案无法得到通过。但只有当国家立法的范围和意义扩大，同时扩大议会在公共领域作为政治论坛的地位，国会的影响力才能得以提高，因此普选再次成为一项重要的前提。

尽管如此，国会中占据多数席的自由党人很早就提出了旨在强化议会以制衡行政机关控制权的修宪要求，但并未能压制俾斯麦的顽强抵抗，民族自由主义者甚至担心此举会引发公开冲突，因为在新的民族国家向内扩展的问题上，他们更看重与政府的合作，这一合作起始于北德联盟时期，并且在其看来极为成功。一般是在资深议员的倡议和主要参与下出台了一系列的改革法案——从统一货币到允许经商和自由迁徙，再到刑法及法院组织法，这些法案从市场经济秩序及自由法制国的意义上实现了民族统一。尽管在个别情况下，为了实现统一，自由党人不得不对其目标做一定修正和让步，但到了改革时代晚期，相比其他欧洲国家，德意志帝国已拥有最现代的经济制度与法律体系。

而从自由主义的观点出发，尤其是在左翼自由主义者鲁道夫·魏尔肖[①]看来，所谓的“文化斗争(Kulturkampf)”也符合这一改革政治话语。具体而言，这场冲突和在许多欧洲国家一样，围绕着国家与教会权力边界展开，过去属于传统教会势力范围的学校、等级

---

① 鲁道夫·魏尔肖（Rudolf Virchow，1821—1902）：德国病理学家。1858 年出版重要著作《细胞病理学》，被誉为“病理学之父”，同时他也是著名政治家和社会改革家。

制度或济贫事业应当由国家加以管理或监督。而在这场冲突背后却是双方在世界观上的深刻分歧。自由主义者视天主教会为阻碍进步的根本障碍之一，正是在庇护九世（Papst Pius IX，1792—1878）的号召[①]下，围绕着日益世俗化社会中的自我主张，教会的反现代定位得以强化。宗教的思想灌输阻碍了教育与科学的高歌猛进，并促使一部分中下阶层转而反对经济现代化进程。

在德国，教派分裂因此而日益加剧，而这一点与民族国家建立的关系也越发紧密。因此，在这个深受路德新教和自由主义影响的新兴国家里，天主教沦为少数派，并自认因与教廷的联系而受到大规模的压迫。但与之形成对比的是，俾斯麦率先认为基督教政党，即天主教中央党（Zentrum）的成立严重威胁到新生的民族国家。此外俾斯麦和民族自由主义者在与天主教会的斗争中发现了彼此在政治上有结盟的可能。

所有这一切从根本上推动了以极端的方式来解决争端，因此国家放弃采取原来的改革法案，而是大规模插

① 1864年庇护九世发布《谬说汇编》（*Syllabus errorum*），将一切反对教皇统治、支持现代的学说斥为“谬说”；1869年至1870年教皇还召开了第一次梵蒂冈公会议，明确两点教义：一是教廷拥有领先地位，二是“教皇永无谬误”。

手教内利益，同时也试图在法律上采取仍值得商榷的手段打垮天主教方面的抵抗。斗争的顶点是大部分天主教修会遭禁，四分之一的神父及多数主教不能正常履职，部分神职人员处于国家高压管理之下。但镇压也使得天主教信众愈发紧密地团结在一起，并形成了一种代表天主教的防御性敌对文化，一种通过最现代的出版及组织策略加以保障的一致对外的氛围。正因为这种政治上的弱势，一直到帝国晚期中央党在国会中保持几乎恒定的席位。文化斗争的过程及其结果表明，19 世纪的世俗化进程并非简单的直线运动，它也一再被宗教势力所打断和阻挠。

然而，当文化斗争还处于拉锯之际，政治上的大变革却已处于进程之中，从根本上改变了帝国政治的经纬度。变化的起因是 1873 年秋爆发的经济危机，经济危机使得过热的建国繁荣在一场股票暴跌和大量企业倒闭中被迫中断。作为对经济萧条的反应，以鲁尔地区的重工业企业联盟为范本，许多新的经济利益联盟成立。它们——例如 1876 年成立的德意志工业家中央联合会（Centralverband Deutscher Industrieller）就强烈要求抛弃当时的自由贸易政策，通过高关税保护本土经济。从 19 世纪 70 年代中期开始，这一运动还与部分农业经济体联合起来，后者从俄国和美国的粮食进口中感受到了威胁。

这种发展趋势在许多方面都给自由主义者带来了压力。有组织的经济利益团体撕扯着他们的内部团结，而从更普遍的意义上来说，自由主义的经济体系也面临着批判。由于犹太人被视为自由主义的代言人，由此产生了一种新型的反犹主义思想，而此时距离犹太人解放的达成[①]仅仅过去没几年。自由主义者所塑造的未来图景日趋丧失吸引力，这很快就在选举结果中体现出来。相反，从中受益的却是长期以来批评俾斯麦的保守主义者，他们于1876年重新组织起德意志保守党（Deutschkonservative Partei），中央党则在经济危机期间也进行了重组。

1878年至1879年，随着政策方针的正式调整，这场变革被推向高潮，这也是俾斯麦在经历长期试探后的有意为之。这场变革以1875年宣布财政改革为起点，试图通过征收保护性关税改善经济形势，此举亦给帝国带来不断增加的收益，使帝国在财政上不再高度依赖各

① 1869年7月，俾斯麦签署《市民及（邦）国民宗教信仰平等法》（Gesetz, betreffend die Gleichberechtigung der Konfessionen in bürgerlicher und staatsbürgerlicher Beziehung），其中首次承认犹太人与其他教派享有同等权利。该法案从1871年起成为全国性法规。

邦。俾斯麦最初是希望获得大多倾向自由贸易的民族自由党人对此的支持，甚至不惜以部长职位向民族自由党人示好，然而却是无功而返。

直到 1878 年夏初，在发生两起行刺皇帝的事件[①]之后，新的机遇摆在帝国首相面前。就在持反社会民主党思想的俾斯麦将刺杀行动归罪于社会民主党的“非常法”第一部草案遭国会否决[②]之后，俾斯麦在第二次袭击过后直接解散议会，以此挑起国民对社会民主党人意欲颠覆政权的忧虑，并首先向民族自由党人施加极大的压力。1878 年 10 月，由保守党人和民族自由党人组成的议会多数通过了在法律上存疑的《反社会党人法》(Sozialistengesetz)[③]，该法规实现了对社会民主党团体、集会以及媒体的镇压，同时也针对个人进行打击；但仍未能阻碍社民党人参与选举并当选议员。但和文化斗争的情况类似，这种对社民党人的镇压当然也是无效的，

---

① 1878 年 5 月 11 日，威廉一世在柏林遭遇一起刺杀未遂事件；6 月 2 日他再次遭遇枪击并因此身受重伤。

② 第一部反社会民主党人非常法草案于 1878 年 5 月提交国会审议。

③ 《反社会党人法》是《反对社会民主党普遍危害性企图的法规》(Gesetz gegen die gemeingefährlichen Bestrebung der Sozialdemokratie) 之简称。

因为它使以社会主义思想为指导的工人联合起来，并催生出一场经过严密组织的反对运动。

而在经历了旷日持久的谈判之后，1879 年 7 月一部涉及大部分工农业生产的进口税法案得以通过，政治变革由此进入第三个阶段。但这一次俾斯麦选择利用议会多数党的中央党，因为在他看来，中央党要求各邦平等的要求相比自由党人的宪政要求威胁要小一些。俾斯麦早在一年前，即教廷选出新任教皇利奥十三世（Papst Leo XIII，1810—1903）之后便开始迈出缓和文化斗争的第一步。相反民族自由党人则感到自己被排除出议会核心的位置。此外，关税问题和《反社会党人法》的存在也高度撕裂着党内团结，以至于该党不得不接受左翼和右翼的分裂。分裂极大削弱了自由党的势力，导致该党在整个帝国时代最终未能东山再起。

随着 1878 年至 1879 年的政治转向，自由主义的时代一去不返。帝国国会多数开始转向右翼，但俾斯麦所期望达到的保守派主导的稳定局面并未出现，甚至在 1881 年和 1884 年的国会选举中出现了由左翼自由党人和中央党组成的反对派占多数的情况，直到 1887 年才由保守党和民族自由党组成的议会多数所取代。因此和外交政策类似，俾斯麦在内政方面也不得不越来越借助临时发挥。

这一点尤其体现在俾斯麦时代晚期一项规模较大，特别是一直以来声名显著的改革杰作——引入强制社会保险中。德意志帝国凭借这一制度“成为现代社会保险制度发展过程中的先驱”（格哈德·A. 里特尔）。数个世纪以来，社会救济首先是一项城市和乡镇任务，它们也肩负着工业化进程之前及期间社会结构转型的主要负担。在这一背景下，由国家调控，通过雇佣双方共同出资，以保障原则为基础的社会福利制度便带来了一项根本性的制度转型。但俾斯麦的动机令人迷惑不解。可以肯定的是，对他来说是要对反社会民主党人现行镇压措施补充一些积极而团结的内容，就这一点来说也是一种双重策略；然而他的这一提议同时又会对那些显而易见的社会弊端作出反应。社会保险将矛头指向自由主义的政府模式，后者致力于采取由社会自发组织的解决方案——在这方面尤为典型的是工人自助。相反，俾斯麦认为，一个君主国应当像家长一样关心社会问题并为其国民的福祉提供保障，当然，俾斯麦在几乎超过十年的决策过程中也不得不对这一国家导向的方案作一定的修改，因此 1883 年引入的医疗保险，1884 年通过的事故保险及 1889 年通过的伤残及养老保险，主要还是建立在已有的社会福利结构及相关的人员自治管理基础上；只是在伤残和养老保险方面设立了一个由俾斯麦推动的国家委员会。尽管最初保险受益者的范围相对有限，偿付的金额也不高，但依然由此打开了通向社会保障新体系的大门，这一体系至第一次世界大战不断向更广大的群体扩展并得到了更有组织的发展。

由于国家在社会政策领域扮演的新角色及之前通过的关税政策大规模地介入经济事务，其权力不断扩大。尽管只迈出了第一步，但它开始实施国家干预，其国家干预政策份额在 1871 年至 1914 年从 3% 上升至 15%。权力的扩大首先对政府及官僚大有好处，从这点来说也强化了国家集权。但另一方面，这些国家干预措施很大程度上源于社会需求，而在这个社会中，不同的利益被更有效地组织起来，人口持续流动，人们尝试用最现代的手段对政府举措施加影响。因此，至少短期内完全不能将维持和扩大专制国家统治与日益增长的民主化进程分离开来，相反，这两种政治趋势平行发展、共同前进，正如在 19 世纪 80 年代已经表现出来的情况那样，已愈发难以贯彻一个强而有力的国家形象了。

随着 1888 年两次王位更迭——从威廉一世到他病重垂危的儿子弗里德里希三世（Friedrich III，1831—1888）再到威廉二世，俾斯麦时代的终结开始浮出水面。

当首相在内政方面推行社会的对立与镇压，意欲强化《反社会党人法》，并且竭力阻挠多方势力所要求的劳工保护立法时，年轻的皇帝却主张一种融合与平衡的政策方针。随后当保守党和民族自由党人在1890年的国会选举中失去议会的多数地位，而社会民主党则在选举后一跃成为最大党，首相的命运就此被决定下来。在威廉二世的强烈要求下，俾斯麦在执掌普鲁士和德意志政策近二十八年之后，于1890年3月18日提交辞呈，但公众对他下野的同情之声却颇为有限。对此特奥多尔·冯塔纳（Theodor Fontane，1819—1898）的言论代表流传甚广的观点，他在1890年5月1日给妻子的信中写道："这是一种幸运，我们摆脱了它，现在许多许多的问题要比以前得到更好、更实在、更明确的解决。"

实际上，俾斯麦的继任者利奥·卡普维利将军领导下的"新方针"首先要达成的目标是通过适度改革及在国家扮演中立角色来克服社会对立以及由此引发的俾斯麦时代后期社会发展停滞的问题。因此，《反社会党人法》并未能在1890年10月继续实施，而历经长期争论的劳工保护法得以通过，同时达成了一个更兼顾工业界和消费者利益的贸易协议体系。然而，卡普维利依然无法从根本上扭转困难重重的形势。他在未能从中央党方面获得更多支持的情况下，失去了保守党的支持，同时社会民主党获得的选票则越来越多，最终卡普维利在1894年耗尽了皇帝对他的信任，也丢掉了他的首相职务。

总体而言，威廉二世直接插手政府政策制定的倾向越来越明显，这背后透露出这样一种思想，即以一种“个人统治”，一种君主的政治优势取代首相与皇帝的相互依存——同时也是政权与君权的并列。作为充满活力、摩登现代，在公共领域具有影响力的统治者，威廉二世大受欢迎，也从中获益良多。但在政治实践方面，威廉二世的个人见解却完全没有优势可言。他的许多干预之举跳跃性大过条理性，从而导致了混乱的产生，这也无益于帮助皇帝树立起最基本的个人政治影响力，当然海军政策是一个例外。然而随着“每日电讯事件”（Daily-Telegraph-Affäre）①的爆发——事件的起因是皇帝接受一份英国报纸访谈，在1908年引起了公众对君主越界行为的激烈抗议，这才迫使威廉二世作出承诺，未来将

① 1908年10月28日英国《每日电讯报》刊登了一名英国上校与威廉二世的访谈，在谈话中，威廉二世就英德关系、德国外交主张等问题发表与政府政见不同的个人见解，措辞亦有不当之处，加之文章未经德国外交部门仔细审阅即被刊发，不仅造成英方不满，更在德国国内引发公众对皇帝干预外交政策事务的强烈不满。

遵循宪法行事。

但更为重要的是初步民主化的形成——就在1900年前后，德国政治文化出现了巨大变化，越来越多的德国人积极参与政治事务。一方面，行使投票权的人数日益增多，这使得拥有选举权的人口参与国会选举比例在1871年至1912年间从51%提高到84.9%。虽然选举的民主性仍受选区分类的制约，这一分类与自1871年以来出现的大规模人口结构转变并不匹配，由此导致选举一名社会民主党人所要求的选票要远多于选举一名保守党人。但正如对选举实践的分析所显示的那样，选举本身在很大程度上是向着民主的游戏规则发展，没有欺骗、贿赂或者造假，也没有暴力相向。此外，从1903年起，通过使用带信封的选票及设立投票站的方式，更好地保证了选举的保密性。

另一方面，大量德国人加入经济性的利益协会和政治性的大众组织。在这一点上，遭遇文化斗争和《反社会党人法》迫害的天主教徒与社会民主党人走在了前列，1913年仅自由工会的成员人数就将近300万之多。而从1893年起，农业保守主义的代言人开始步农场主联合会的后尘；而对资产阶级自由派来说，尤其重要的则是各类民族主义协会——从殖民协会到成员众多的战争协会、海军协会，再到尤以强势面目出现的泛德意志联盟。

伴随着媒体的高度繁荣及其推动，这两股发展趋势的合流形成了一个大众政治市场，它不仅向政党提出组织机构和资金方面的要求，也对政治家个人提出要求。同时，这个市场因其多元性和摇摆不定的观点而日益摆脱来自政府方面的控制，一如其在被俾斯麦利用时期所取得的部分成就。

在19世纪90年代令人耳熟能详的还有各类旨在捍卫专制国家的权力要求，尤其是对付社会民主党威胁的政变方案。在一些邦（例如1896年在萨克森）就因此出台选举限制。但从1898年风向开始转变。社会民主党、左翼自由党及中央党成功动员其支持者反对所谓的政府政变计划。至此参与权的扩大成为这个时代的标记——即使是萨克森，到1909年时也无法回避这一点。1908年国会通过了一部《国家社团法》（Reichsvereinsgesetz），该法规通过相对自由主义的规定为德国人民打开了进一步政治化的大门——女性也被允许参加政治集会，组建协会。此时，保守主义者可资捍卫的最后堡垒只剩下普鲁士的三级选举权（Dreiklassenwahlrecht）。尽管如此，许多人仍赞同这样的观点，即这个专制国家早在第一次世界大战爆发之前就已经被初步的民主化进程完全掏空了。

民主化的进步当然并未沿着宪政转型及国家首脑向议会负责的方向发展。虽然在世纪交替之际，由中央党、左翼自由党及社民党组成改革内阁的可能性日益提高，但这种相互靠拢因为当时的冲突而一再被推迟：例如在1907年前后，当时帝国首相比洛凭借着民族主义和帝国主义口号，以一种纯粹俾斯麦式的手段在“霍屯督人选举”（“Hottentotten-Wahl”）[①]中成功压制住中央党及社会民主党，同时他还为由民族自由党及保守党组成的“比洛同盟”争取到了左翼自由党。直到1912年国会选举，社会民主党所获选票的比例增加至34.8%，成为国会第一大阵营。在没有明显迹象表明，如何按照各方保留意见实现比按部就班更多的合作前，改革派占多数的前景得以再次明确。鉴于各方的保留意见，这些合作不

① 1907年国会选举之别称，“霍屯督人”为当时对西南非洲土著纳马人的蔑称，而这场选举正是因这场发生在非洲的德国殖民战争而引起的。1906年8月初帝国政府提出追加对非洲殖民战争的预算，却遭到国会反对，最终在12月的投票中以社会民主党和中央党为代表的反对派以微弱多数否定了该预算案。随后首相比洛奉命解散议会并重新举行大选，这场选举因此被称为“霍屯督人选举”。

仅仅是一次性的。因此，并非身居要职的传统官僚及军事精英阻挠帝国应对来自日新月异的世界的挑战，而是现代国家中各种利益与不同政治势力交织的复杂现实，才使得从根本上改变现有制度完全无法实现。

与之相对的是，自世纪之交以来，政府和国会在许多引发重大争论的领域也曾有过建设性合作，并朝着这个方向发展。这一合作表现在 1988 年至 1913 年的五部海军法案及 1913 年的陆军扩军，1902 年的关税调整及 1909 年的国家财政改革，又或是大量涉及经济政策与社会政策的改革法规。大多数立法程序很大程度上是由技术官僚和议员所决定的，同时也是围绕利益妥协所作出的共同努力。可以肯定的是，在帝国财政方面所达成的解决方案远无法满足绕不开的改革要求。但与欧洲其他国家的对比表明德意志帝国的政治体制是有效的，同时它也能对来自于充满张力的经济社会挑战作出恰到好处的回应。这不仅是帝国政策的功劳，各联邦、首先是城市在诸如社会政策创新方面都作出了相当大的贡献。

从这个意义上来说，将帝国制度描绘成专制独裁，困于不可调和的矛盾冲突而导致革命的观点，已不再适用于当下的知识范畴与历史学研究。但是，倘若没有第一次世界大战的爆发，内政的发展是否会更早一步加剧社会对立、激化危机，又或者持续的经济动力是否会为民主的进一步发展提供上升的空间，这些仍都未有定论。

现代性的突破

1900 年 7 月 2 日，包括费迪南·冯·齐柏林伯爵(Ferdinand von Zeppelin，1838—1917）在内的四人共同登上首艘硬式飞艇升空。虽然飞艇 LZ1 号的初次飞行仅持续不到 20 分钟，但当时人仍将这一次飞行看作一次跨时代的进步，有万余名好奇民众“心情愉悦”地在那个夏夜驻足博登湖畔。而从此后几天乃至数周内无数的媒体评论中亦可得知，飞艇成为标志新世纪开端的核心象征。齐柏林的高空飞行完全符合这个一切皆有可能的时代要求，在这个时代似乎一切事物的边界都可以被改变或打破。

高空飞行乃至对未来信念的物质基础来自 1900 年前后二十年间异乎寻常的经济繁荣，在这段经济高度发展的时期，尽管有短暂经济萧条，但却完全不影响大环境，因而经济增长几乎未曾间断。仅在 1890 年至 1914 年间德国国民生产净值就几乎翻了三倍；年平均经济增长率超过 3%——由此达到的经济发展水平，直到第二次世界大战后的“经济奇迹”时期才得以超越。

尽管到当下为止处于领导地位的工业部门如采矿业及钢铁工业一如既往是推动经济发展的主要因素，但一些新兴领域如电气工程、化学、机械制造及光学业也在高速发展之中，德国在这些工业类别中位于技术发展的最顶端。德国从一个需要在工业革命第一阶段从国外舶来现代生产技术加以成功仿制的“迟到者”，蜕变为在成功结合科学研究和工业生产的基础上占据世界领先地位的技术先锋。尤其是在新兴的化学、电气以及光学领域，德国很早就实现了向国外的扩张，部分行业如染料化学工业占据了世界市场份额的 90%。而那些业已成熟的产业同样以惊人的速度增长：1880 年英国的钢铁产量是德国的两倍之多，但到 1913 年情况已经完全扭转了过来。

在这个高速工业化的阶段，企业结构转型同样引人瞩目：拥有超过数千员工的大型企业已经逐渐占据主流位置。1907 年时全德职工中至少已有 8.1% 为 478 家大型企业工作。由此在企业管理中，在生产和管理环节中的机构化与合理化问题上出现了显著变化，劳动关系也随之改变。而与大型企业的产生同时出现的还有股份制成为工业企业的主要组织形式。1907 年 100 家德国大型工业及矿业公司中有近五分之四为股份制公司，即使是家族企业（例如 1897 年时的西门子公司）也因为工业投资对于资本的高度需求而转制成为股份公司。越来越多的大型企业开始转变管理方式。拥有股份、领导企业及各类专门化的管理职能在人事上日益剥离。在大学接受过经济学和法学抑或技术及科学教育的人员在企业中所占的比例明显增加；同时企业结构不仅仅是越往上越严格按照等级划分，而且还普遍经过了组织机构化和合理化。

随着企业管理形式的改良产生出新的职业群体——职员。在第二产业中，他们的人数在 1882 年至 1907 年间增加了近七倍，而同一时期的雇佣工人人数仅增加一倍。1882 年时工人与职员人数比例还是 41∶1，二十五年之后，这一比例则变成了 13∶1。

而在世纪转折之后，合理化的趋势也蔓延到了生产领域，正是从这时起，在个别领域——例如枪支、缝纫机和自行车——的生产开始执行标准化。但这股合理化浪潮在德国工业界全面铺开则一直要到第一次世界大战之后。

所有的这些构成现代工业结构的趋势通过持续不断

的横向和纵向集中过程完成了整个架构：一方面是诸如鲁尔地区的大量矿山合并为工人接近 40000 人的大型采矿企业；另一方面是煤钢企业的扩张覆盖了几乎所有的生产和销售环节，从而织就了一张包含从煤炭矿石运输、钢铁生产到旨在面向本企业或康采恩内部销售的自营贸易公司的大网。这种自我集中的方式在德国经历了 19 世纪 70 年代危机后形成了大量的卡特尔组织。这些组织约定价格、销售条件、产量和市场份额，并在 1905 年前后控制了约四分之一的工业生产。

因此卡特尔和康采恩在德国的扩张程度尤为突出，历史学研究指出，自从 19 世纪 70 年代末转向关税保护政策后，由于这些组织与政治和经济利益的紧密联系，在短期内便形成了一种真正的“有组织资本主义”，它是高速工业化时代一种特殊的德国现象。但这种试图操纵工业和国民经济发展的局限性也在这期间被更清楚地认识到。

经济的快速增长再次明显加快了德国自 19 世纪 40 年代以来由工业化带起的从农业经济向工业经济结构转型的速度，不同产业部门在不同程度上推动着经济的发展。尽管从绝对数值来看仍呈上升趋势，但 1870 年前后还占到总人口一半以上的农业人口比例开始下降，至第一次世界大战爆发前夕仅占到三分之一。同期工业人口比例增长167%，第三产业人口占比则增长147%。1913年采矿业、工业和手工业从业人员占到全部人口的近38%，占据第一序列；贸易业、银行业、交通业和服务业的规模也强势扩张，这些行业在19世纪90年代早期形成交集。

当时的人们已经清楚地察觉到这一变化，并探讨其必然性。最著名的例子莫过于马克斯·韦伯（Max Weber，1864—1920）。他在自己1895年5月任职弗赖堡大学的首堂课上，以一种不留情面的坦率谈及农业经济及帝国东部地主中占据领导地位的社会群体——普鲁士容克阶层，“他们自己负担劳动，如今陷入经济上的殊死搏斗，没有任何国家经济政策可以帮助他们脱离苦海并将其带回到旧日的社会角色当中。”

伴随着产业部门的转移，德国的城市化进程继续高速向前推进。较之过去更为强势的增长（仅1890年至1913年间德国人口就从4900万增加至6700万）使得有超过半数的人口不再居住在农村，而是居住在城市之中。其中最突出的现象便是“大城市化”——1910年时已有超过五分之一的德国人生活在大城市中。

正是在大城市中，到处是触手可及的新生事物。但这一增速也已显示出整个社会急速加快的彻底变革。大城市生活的快节奏，使得城市人摆脱了按照自然规律作息的限制；而城市噪音、浑浊的空气、堆积在街道上和庭院中的污物，给出身乡野或来自小城市的人们留下了匪夷所思的印象。恰恰这些又被大城市人视为标志，这些的过度刺激可以被控制，甚至是被加以生产性利用。

大城市的人口密集也为劳动分工和发明创造提供了前所未有的空间，形成了市场主导的经济集中，也包括独一无二的沟通与交流的可能性；大城市还成为政治活动的中心，同时新的城市风格开始向更远的区域甚至是整个国家辐射。换句话说，作为集聚经济、科学、政治和文化创造力的大城市，它完完全全成了现代性的所在。德国和欧洲在1900年前后所经历的这场变革的朝向、规模和速度可以被最直观地感受到。但在德国，伴随着大城市崛起而来的则是尤为突出的批判现代性的声音，其中交织着大量不同的观点和意见。

反大城市观点的一个重要出发点是假设大城市生活方式的特性是不人性化、不健康的，总而言之是非自然的。除了怀念一种普遍理想化逝去的旧时代之外，还通过一种借由美化乡村及小城市生活的知足常乐的田园牧歌礼赞对大城市加以抵制。与背负意识形态的争论相对立的则是这种观点实实在在推动了广大社会群体走出城市，走进自然。无论是作为青年人群体远足项目的周日郊游，抑或是地位提升的资产阶级在海边或山间度假，尽可能亲近自然并与大自然和谐共处的原则不仅得到了许多改革运动的拥护，也影响了整个社会。

第二个出发点则是大城市的社会问题。这是因为，尽管随着高速工业化的推进，实际工资的增长使得很大一部分工人阶级的生活条件得到显著改善，但仍有超过三分之一的人口一如既往地挣扎在最低生存线的边缘，生活在令人窒息的贫困之中。与此同时则是贫富差距明显扩大。因此普遍的社会问题，尤其是日益深化的阶级对立，在1900年前后也成为公共领域讨论最多的话题。但其中除了经典的社会政策方面的看法外，越来越多的是一种从文化批评角度出发的全新讨论。大城市被作为一种大众社会加以体验和诠释：在这个社会中，面目模糊的无名大众夺取了城市并在城市中烙下印记。选举权的普及、新兴的群众组织、大众媒体与文化，也包括千篇一律、完全被填满、高度理性的生活所造成的结果，已大大超出了过去对大众革命的恐惧程度。大城市被视为最早被大众同化的地方，在这里独立的个体已丧失了发展空间。现代资产阶级社会的基本原则以及每个公民个体也因此从根本上遭到质疑。如此，反抗大众化，凭借诸如追求艺术上的独创性和个性化的生活方式以摆脱泯然众人的命运，或者是形成以创造个性为目标的精英共同体的构想，成了这个时代的主旋律。

此外，上述论述还与对源于现代科学的知识进步观合理性的批评、质疑杂糅在一起，构成了一种对于文化和文明的普遍批判。批判者从感性和移情的角度，从主观性和本能的角度，从全局性的解决方案和世界观的角度，最后从一种新的宗教世俗化的角度，对资产阶级自由主义的核心信念——进步、启蒙理性及精确科学——提出挑战。他们中最为杰出的开路先锋，同时也是最坚定的时代与文化批评者，居于首位的便是弗里德里希·尼采（Friedrich Nietzsche，1844—1900）。他呼吁人要成为独特的强大个体，并追求一种作为审美现象的人生。尼采在许多知识分子和艺术家圈子中受到热烈追捧。

循着思想上的新定位而来的是社会组织形式的发展。与通过协会和党派自发聚集，成员拥有平等权利、平等决策的资产阶级自由主义模式针锋相对的是改革派大力宣传更为自然的结社形式：同盟，运动，部分以共同生活为核心，内部按照首领与追随者模式组织的帮派小团体。借用社会学家费迪南德·滕尼斯（Ferdinand

Tönnis，1855—1936）的话来说，共同体将取代社会。

最后同样也是新现象的是对僵化的资产阶级文明的批判，尤其表现为一种代际差异现象。反对的声音首先来自一系列资产阶级后代，他们将抵制父母辈的生活方式、向往被传统束缚的自由世界理解为青年运动及对一种自我肯定的生活阶段的要求。

然而，这种种针对现代性的批判性讨论及由此形成的改革设想并不总是以过去为导向和反现代的。它们的倡导者详细论述了现代文明的不足之处，并常常以早期市民运动的理想作为反对现实发展的论据；但他们仍将目光投向未来，并在根本上分享着自由主义的进步观。尽管这些改革设想通常并不尖锐，甚至还自相矛盾，但仍代表了另一种形式的现代性，至少是现代性的一种人性化和市民化变体。当然其中仍然包含了一些反现代、反理性和反人性的内容。随着第一次世界大战的深入，这些观念在族民主义和民族主义阵营那里形成了广泛共鸣。

这种“这些混合了对传统失望，对现实沉默及对未来神经质期望的心理状态”（弗朗茨·J. 鲍尔）无法被系统描述出来，更难以找出一个明晰的基础。这使得迄今为止的历史学对此的分类差异巨大，甚至自相矛盾。

尽管如此，仍可以把握住一些核心要点。

急剧加速的经济与社会转型构成了这场世纪之交辩论的核心背景。转型带来了不安全感、对于失败的恐惧及适应困难症，并要求再次回归安全感。对于稳定的追求还因为帝国社会所包含的千差万别的现代性而得以强化。但由此也表明，19 世纪 90 年代仍在讨论德意志帝国的未来究竟是农业国家还是工业国家。而从中产生出的对于新方向的追求则因为激烈的变化而变得面目模糊；也是因为即将到来的世纪交替，这些要求与一种带有强烈悲观主义色彩的基本观念联系在一起，在许多支持者看来，这场辩论越来越导向极其明显的危机意识。

然而，文明批判和文化悲观主义完全不能简单地取代过去的进步观，因此这种观念的存在不仅没有动摇，甚至在 1900 年前后因为极速发展的科学和技术创新而臻于巅峰。如果将乐观和悲观的反应，或者确切来说是肯定与拒绝的态度归结于现代性的突出重围而取得成功，而非囿于现代主义者与反现代主义者在原则上的分歧，那么就更容易将矛盾本身作为现代性本身的特性来理解。

由此，现代性为批判性看待它并加以追根究底提供了起始点和方法，由于它对所有已知的事物，一切传统、规则和习惯作出了安排，也为激进的新思考方式奠定了基础，不再是一个和谐的秩序，而是表现为一个充满深刻矛盾的多面体，即现代性的自我彰显和对它的怀疑统一在一起，这在世纪之交的音乐和造型艺术的发展方面表现得最为直接。

当然，将现代性描绘成本质上具有两面性而非存在内在矛盾，这种解释范式显然更进了一步。因此“古典现代性”（德特勒夫·波伊科特）正如它在更早前的现代性戛然而止之际开始形成时，除了对于更好未来的期望之外，其中已经承载着当时规模尚未可知的灭绝潜流和非人道主义的可能。由于急剧加速的转型和发展道路的迷失，现代性的危机随后远远超出了一场短暂的发展方向危机，这是因为在现代性内部已经埋下了发展的消极变体。

这种思考对于如何解释第一次世界大战及由此产生的 19 世纪如何分期的问题就更为重要。古典现代性理论将时间分期设定在 1880 年至 1945 年，它的支持者认为世界大战仅仅是一场加速现代化进程——使得现代化提前几十年到来，并强调其被动变化的意义。但与之相反的是，最近有关世界大战的深入研究也通过大量的论据，认为战争凭借其影响心态的暴力体验，打破思想和行动界限的激烈方式，以及许多冲突的剧烈升级，一如既往地充当着重要的分水岭，并开启新的时代。它被视作令欧洲主导的世纪走向终结的“元灾难”。

1900 年前后突出重围的现代性重心在于：它作为一个觉醒并充满机遇的历史阶段，在德国和欧洲首先开始从经济、技术以及科学文化层面建立起一种直到今天依然吸引我们的生活方式。尽管无论是世纪交替之际错综复杂的多样性，抑或那些观念在当时的意义都未得到合理的评价，但回过头来仍能从 1900 年的大量发展以及观念的广泛基础上抓取出那些在经历了大战之后，在一个彻底改变的环境下以一种灾难性的方式取得成功的东西。

参考文献

弗朗茨 · J. 鲍尔 . “漫长的”19 世纪（1789—1917）：一个时代的侧面 . 斯图加特，第 3 版，2010.

Franz J. Bauer, Das ‹lange› 19. Jahrhundert (1789–1917). Profil einer Epoche.3.Aufl. Stuttgart 2010.

大卫 · 布莱克本 . 德国史（1780—1918）：漫长的 19 世纪 . 莫尔登（马萨诸塞），第 2 版，2003.

David Blackbourn, History of Germany, 1780–1918. The Long Nineteenth Century. 2.Aufl. Malden, Mass. 2003.

安塞尔姆 · 德林 - 曼托菲尔 . 德意志问题与欧洲国家体系（1815—1871）. 慕尼黑，第 3 版，2010.

Anselm Doering-Manteuffel, Die deutsche Frage und das europäische Staatensystem 1815–1871. 3.Aufl. München 2010.

伊丽莎白・费伦巴赫．宪政国家与民族建构（1815—1871）．慕尼黑，第 2 版，2007.

Elisabeth Fehrenbach, Verfassungsstaat und Nationsbildung 1815–1871.2.Aufl. München 2007.

洛塔・盖尔．俾斯麦：白色革命者．美因河畔法兰克福，柏林，维也纳，1980.

Lothar Gall, Bismarck. *Der weiße Revolutionär*. Frankfurt am Main/Berlin/Wien 1980.

洛塔・盖尔．从等级社会到市民社会．慕尼黑，1993.

Lothar Gall, *Von der ständischen zur bürgerlichen Gesellschaft*. München 1993.

汉斯 - 维尔纳・哈恩．德国的工业革命．慕尼黑，第 3 版，2011.

Hans-Werner Hahn, *Die industrielle Revolution in Deutschland*. 3.Aufl.München 2011.

汉斯－维尔纳·哈恩，赫尔穆特·贝尔丁．改革、复辟与革命（1806—1848/49）．斯图加特，2010.

Hans-Werner Hahn/Helmut Berding, Reformen, Restauration und Revolution 1806–1848/49. Stuttgart 2010.

克劳斯·希尔德布兰德．逝去的帝国——从俾斯麦到希特勒德国外交政策（1871—1945）．斯图加特，1995

Klaus Hildebrand, Das vergangene Reich. Deutsche Außenpolitik von Bismarck bis Hitler 1871–1945. Stuttgart 1995.

于尔根·科卡．漫长的19世纪：劳动、民族与市民社会．斯图加特，2001.

Jürgen Kocka, Das lange 19. Jahrhundert. Arbeit, Nation und bürgerliche Gesellschaft. Stuttgart 2001.

迪特·朗格维舍．德国与欧洲的民族、民族主义、民族国家．慕尼黑，2000.

Dieter Langewiesche, Nation, Nationalismus, Nationalstaat in Deutschland und Europa. München 2000.

弗里德里希·伦格.工业革命与民族国家的建立（1849年至19世纪70年代）.斯图加特，2003.

Friedrich Lenger, Industrielle Revolution und Nationalstaatsgründung.(1849–1870er Jahre). Stuttgart 2003.

托马斯·尼佩代.德意志史（1800—1866）：市民世界与强大国家.慕尼黑，1983.

Thomas Nipperdey, Deutsche Geschichte 1800–1866. Bürgerwelt und starker Staat. München 1983.

托马斯·尼佩代.德意志史(1866—1918).2卷本,慕尼黑,1990—1992.

Thomas Nipperdey, Deutsche Geschichte 1866–1918. 2 Bde. München 1990–1992.

于尔根·奥斯特哈默.世界的变迁：一部19世纪史.慕尼黑，第5版，2010.

Jürgen Osterhammel, Die Verwandlung der Welt. Eine Geschichte des 19. Jahrhunderts. 5.Aufl. München 2010.

汉斯 - 彼得 · 乌尔曼 . 德意志帝国（1871—1918）. 美因河畔法兰克福，1995.

Hans-Peter Ullmann, Das Deutsche Kaiserreich 1871–1918. Frankfurt am Main 1995.

汉斯 - 乌利希·韦勒 . 德意志社会史，第 1—3 卷 . 慕尼黑，1987—1995.

Hans-Ulrich Wehler, Deutsche Gesellschaftsgeschichte. Bd. 1–3. München 1987–1995.

德中译名对照表

德文原文	中文译文
Adam Smith	亚当・斯密
Albrecht von Roon	阿尔布莱希特・冯・罗恩
Alfred Krupp	阿尔弗雷德・克虏伯
Alfred von Tirpitz	阿尔弗雷德・冯・蒂尔皮茨
August von Gneisenau	奥古斯特・冯・格奈泽瑙
August von Kotzebue	奥古斯特・冯・科策比
Benjamin Disraeli	本杰明・迪斯雷利
Bernhard von Bülow	伯恩哈德・冯・比洛
Camillo Graf von Cavour	卡米洛・冯・加富尔伯爵
Christoph Martin Wieland	克里斯托弗・马丁・维兰德
Deutscher Kaiser und König von Preußen，Friedrich III	德意志皇帝及普鲁士国王，弗里德里希三世
Deutscher Kaiser und König von Preußen，Wilhelm I	德意志皇帝及普鲁士国王，威廉一世
Deutscher Kaiser und König von Preußen，Wilhelm II	德意志皇帝及普鲁士国王，威廉二世
Ernst Moritz Arndt	恩斯特・莫里茨・阿恩特

Erzherzog Johann von Österreich	奥地利大公，约翰
Felix Prinz zu Schwarzenberg	亲王，费利克斯·楚·施瓦岑贝格
Ferdinand Tönnis	费迪南德·滕尼斯
Friedrich Christoph Dahlmann	弗里德里希·克里斯托夫·达尔曼
Friedrich Daniel Bassermann	弗里德里希·丹尼尔·巴塞曼
Friedrich Gottlieb Klopstock	弗里德里希·戈特利布·克洛普施托克
Friedrich Ludwig Jahn	弗里德里希·路德维希·雅恩
Friedrich Naumann	弗里德里希·瑙曼
Friedrich Nietzsche	弗里德里希·尼采
Friedrich Römer	弗里德里希·勒默尔
Friedrich Schiller	弗里德里希·席勒
Friedrich von Augustenburg	弗里德里希·冯·奥古斯滕堡
Frierich Hecker	弗里德里希·黑克尔
Georg Ludwig Winter	格奥尔格·路德维希·温特尔
Georg Wilhelm Friedrich Hegel	格奥尔格·威廉·弗里德里希·黑格尔
Gerhard von Scharnhorst	格哈德·冯·沙恩霍斯特
Graf Ferdinand von Zeppelin	伯爵，费迪南德·冯·齐柏林
Großherzog von Baden，Leopold	巴登大公，利奥波德
Gustav Struve	古斯塔夫·施特鲁韦
Heinrich Freiherr vom und zu Stein	男爵，海因里希·冯·楚·施泰因
Heinrich von Gagern	海因里希·冯·加格恩
Heinrich von Sybel	海因里希·冯·聚贝尔
Heinrich von Treitschke	海因里希·冯·特赖奇克

Helmuth von Moltke	赫尔穆特·冯·毛奇
Herzogin von Sachsen-Weimar-Eisenach，Anna Amalia	萨克森-魏玛-艾泽纳赫公爵夫人，安娜·阿玛利亚
Hohenlohe-Schillingsfürst, Chlodwig Fürst zu	侯爵，霍恩洛厄-席林斯费斯特·克罗德维希·楚
Immanuel Kant	伊曼努尔·康德
Jacob Grimm	雅各布·格林
Johann Caspar Blutschli	约翰·卡斯帕尔·布伦奇利
Johann Wolfgang Geothe	约翰·沃尔夫冈·歌德
Johannes Gutenberg	约翰内斯·古腾堡
Johannes Scherr	约翰内斯·舍尔
Kaiser der Franzosen，Napleon III	拿破仑三世，法兰西皇帝
Kaiser der Franzosen，Napoleon Bonaparte	法兰西皇帝，拿破仑·波拿巴
Kaiser von Österreich，Franz Joseph	神圣罗马帝国皇帝，弗朗茨·约瑟夫
Karl August von Hardenberg	卡尔·奥古斯特·冯·哈登贝格
Karl Ludwig Haller	卡尔·路德维希·哈勒
Karl Ludwig Sand	卡尔·路德维希·桑德
Karl Ludwig von Knebel	卡尔·路德维希·冯·克内贝尔
Karl Marx	卡尔·马克思
Karl von Rotteck	卡尔·冯·罗特克
Klemens von Metternich	克莱门斯·冯·梅特涅
König der Franzosen，Louis Philippe	法兰西国王，路易·菲利普
König von Frankreich，Karl X	法国国王，查理十世
König von Frankreich，Ludwig XVI	法国国王，路易十六
König von Hannover，Ernst August I	汉诺威国王，恩斯特·奥古斯特一世

König von Preußen，Friedrich II	普鲁士国王，弗里德里希二世
König von Preußen，Friedrich Wilhelm III.	普鲁士国王，弗里德里希·威廉三世
König von Preußen，Friedrich Wilhelm IV.	普鲁士国王，弗里德里希·威廉四世
Leo Graf von Caprivi	利奥·冯·卡普维利伯爵
Leopold von Ranke	利奥波德·冯·兰克
Ludwig August von Rochau	路德维希·奥古斯特·冯·罗绍
Max Weber	马克斯·韦伯
Otto von Bismarck	奥托·冯·俾斯麦
Papst，Leo XIII	教皇，利奥十三世
Papst，Pius IX	教皇，庇护九世
Robert Blum	罗伯特·布鲁姆
römisch-deutscher Kaiser，Franz II	神圣罗马帝国皇帝，弗朗茨二世
römisch-deutscher Kaiser，Joseph II	神圣罗马帝国皇帝，约瑟夫二世
römisch-deutscher Kaiser，Leopold II	神圣罗马帝国皇帝，利奥波德二世
Rudolf Virchow	鲁道夫·魏尔肖
Sigsmund von Reitzenstein	西吉斯蒙德·冯·赖岑施泰因
Theobald von Bethmann Hollweg	特奥巴尔德·冯·贝尔特·曼霍尔韦格
Theodor Fontane	特奥多尔·冯塔纳
Wilhelm Grimm	威廉·格林
Wilhelm von Humboldt	威廉·冯·洪堡

图书在版编目（CIP）数据

十九世纪德国史 / [德]迪特尔·海因著；王琼颖译．
—上海：上海三联书店，2020.10
(贝克知识丛书)
ISBN 978-7-5426-7126-4
Ⅰ．①十… Ⅱ．①迪…②王… Ⅲ．①德国－近代史
–19 世纪 Ⅳ．①K516.4

中国版本图书馆 CIP 数据核字（2020）第 143364 号

十九世纪德国史

著　　者 / [德]迪特尔·海因
译　　者 / 王琼颖
责任编辑 / 程　力
特约编辑 / 苑浩泰
装帧设计 / 鹏飞艺术
监　　制 / 姚　军
出版发行 / 上海三联书店
(200030) 中国上海市漕溪北路 331 号 A 座 6 楼
印　　刷 / 北京天恒嘉业印刷有限公司
版　　次 / 2020 年 10 月第 1 版
印　　次 / 2020 年 10 月第 1 次印刷
开　　本 / 787×1092　1/32
字　　数 / 79 千字
印　　张 / 5.75

ISBN 978-7-5426-7126-4/K·592

定　价：36.80元

著作权合同登记号　图字：09-2020-725号